Achtzig Übungen zum Türkischlernen

Sprachstand A2

Türkçe Öğrenmek için Seksen Alıştırma

Dil Düzeyi A2

Osman Nazım Kıygı, M.A.

Bibliografische Information der Deutschen Nationalbibliothek: Die Deutsche Nationalbibliothek verzeichnet diese Publikation in der Deutschen Nationalbibliografie. Detaillierte bibliografische Daten sind im Internet über dnb.dnb.de abrufbar.

TWENTYSIX – Der Self-Publishing-Verlag
Eine Kooperation zwischen der Verlagsgruppe Random House und
BoD – Books on Demand

© 2020 Nazim Kiygi

Herstellung und Verlag:
BoD – Books on Demand, Norderstedt

ISBN 978-3-74-0767013

Einleitung

Die in diesem Übungsbuch vorliegende Sammlung von achtzig Übungen für Türkisch-Lernende resultierte aus der Notwendigkeit fehlenden Übungsmaterials der ersten einschlägigen Lehrwerke zum Türkischlernen in Deutschland. Die Übungen wurden in Kursen der Volkshochschulen und anderer Einrichtungen eingesetzt, und sie wurden immer weiter entwickelt und ständig aktualisiert. Diese Übungen sind für Selbstlerner als Zusatzübungen bestens geeignet. Auch Kursleiter können diese Übungen als Begleitmaterial im Unterricht einsetzen.

Ein kontinuierlicher Aufbau vom leichten zum schwierigeren Grad der Übungen wurde berücksichtigt. Grundsätzlich lassen sich zwei Hauptbereiche unterscheiden: Wortschatzübungen und Grammatikübungen.

Achtzig Übungen sollen dem Benutzer ermöglichen, den Stand A2 zu erreichen und zu verfestigen, der gemäß dem Gemeinsamen europäischen Referenzrahmen für Sprachen vorgesehen ist.

Lösungen für alle Übungen ermöglichen eine ständige Eigenkontrolle.

Hinweise zur Benutzung dieses Übungsbuchs

Damit Sie das Übungsbuch mehrmals benutzen können, sollten Sie die Übung bzw. die Übungsseite, die Sie bearbeiten wollen, kopieren, bevor Sie mit der Übung beginnen. So können Sie die Kopie beschreiben bzw. vollschreiben und die Seite im Buch immer wieder verwenden.

Die Benutzung dieses Übungsbuchs ist relativ einfach. Bei manchen Übungen sind die jeweiligen Lösungsbegriffe am Ende der Übung aufgelistet. Je nach Wissensstand, können Sie die Lösungsbegriffe bzw. Lösungen mit einem Blatt abdecken.

Die Übung 1 ist eine solche Übung, bei der die Lösungsbegriffe am Ende der Übung in willkürlicher Reihenfolge aufgelistet sind. Hier wird der Wortschatz des Sprachstands A1 bis A2 abgefragt.

Übung 1 - Alıştırma 1

Wie heißt das auf Türkisch?
Bunun Almanca'da adı nedir?

su	
okul	
tren	
pasta	
yatak	

das Flugzeug; das Wasser; der Freund/die Freundin; der Kuchen; das Essen; das Krankenhaus; die Tankstelle; die Woche; die Verkehrsampel; das Geld; das Kino; das Handy; das Meer; der Aufzug; das Bett; der Tisch; der Zug; das Restaurant;

Es gibt 28 Übungen von dieser Art.

Die Übung 3 dagegen ist eine Grammatikübung. Bei ihr stehen die Kleine Vokalharmonie und die Konsonantenassimilation im Vordergrund. Durch die Aufgabenstellung in der dritten Spalte wird auch der Wortschatz abfragt.

Übung 3 - Alıştırma 3

Bilden Sie Fragesätze wie im Beispiel!
Übersetzen Sie ins Türkische!
Örnekteki gibi soru cümleleri kurun!
Almanca'ya çevirin!

Ayşe – oda	
Ayşe odada mı?	Ist Ayşe im Zimmer?
Hasan - kapı	
Emine – otobüs	
Sevgi – banka	

Es gibt 31 Übungen von dieser Art.

Weitere 20 Übungen gibt es zum Textverständnis, zur Uhrzeit und zur Zahlen. Die Übung 29 ist ein Kreuzworträtsel.

Übung 1 - Alıştırma 1

Wie heißt das auf Deutsch?
Bunun Almanca'da adı nedir?

su	
okul	
tren	
pasta	
yatak	
yemek	
sinema	
hastane	
uçak	
benzin istasyonu	
hafta	
para	
trafik lambası	
cep telefonu	
şehir	
asansör	
masa	
lokanta	
meze	
balık	
müze	
deniz	
arkadaş	

das Flugzeug; das Wasser; der Freund/die Freundin; der Kuchen; das Essen; das Krankenhaus; die Tankstelle; die Woche; die Verkehrsampel; das Geld; das Kino; das Handy; das Meer; der Aufzug; das Bett; der Tisch; der Zug; das Restaurant; die Vorspeise; die Schule; der Fisch; das Museum; die Stadt

Übung 2 - Alıştırma 2

Übersetzen Sie folgende Sätze ins Türkische!
Aşağıdaki cümleleri Türkçe'ye çevirin!

Hasan ist an der Tür.	Hasan kapıda.
Hasan ist bei Ayşe.	
Hasan ist in der Garage.	
Hasan ist zuhause.	
Hasan ist auf der Post.	
Hasan ist in München.	
Hasan ist im Zug.	
Hasan ist auf dem Schiff.	
Hasan ist in der Türkei.	
Hasan ist Einkaufen.	
Hasan ist im Krankenhaus.	
Hasan ist im Büro.	
Hasan ist am Telefon.	
Hasan ist im Kino.	
Hasan ist im Park.	
Hasan ist in der Schule.	
Hasan ist in Bochum.	
Hasan ist im Hotel.	
Hasan ist im Zimmer.	
Hasan ist im Bett.	
Hasan ist im Theater.	
Hasan ist im Museum	
Hasan ist hier.	

Übung 3 - Alıştırma 3

Bilden Sie Fragesätze wie im Beispiel!
Übersetzen Sie ins Türkische!
Örnekteki gibi soru cümleleri kurun!
Almanca'ya çevirin!

Ayşe – oda	
Ayşe odada mı?	Ist Ayşe im Zimmer?
Hasan - kapı	
Emine – otobüs	
Sevgi – banka	
Deniz – okul	
Selvinaz – ev	
Yılmaz – üniversite	
Mehmet - sinema	
Ahmet – lokanta	
Hüseyin – araba	
Ali – tiyatro	
Ülkü – diskotek	
Cevdet – polis	

Şükrü – müze	
Engin – kurs	
Selma – ders	
Yasemin – hastane	
Sibel – konser	
Filiz – doktor	
Songül – tuvalet	
öğrenciler – okul	
otobüs – durak	
çocuklar – park	
köpek – bahçe	
ağaçlar – orman	
balıklar – akvaryum	
milyonerler – kulüp	

Übung 4 - Alıştırma 4

Übersetzen Sie folgende Sätze ins Türkische!
Aşağıdaki cümleleri Türkçe'ye çevirin!

Der Tisch ist im Zimmer.	Masa odada.
Der Wagen ist in der Garage.	
Der Lehrer ist in der Klasse.	
Die Musik ist im Radio.	
Die Schule ist in der Stadt.	
Der Bus steht an der Haltestelle.	
Der Kurs ist in der Schule.	
Der Kapitän ist auf dem Schiff.	
Der Anwalt ist im Gericht.	
Die Schülerin ist in der Klasse.	
Das Schiff ist im Hafen.	
Das Geld ist auf der Bank.	
Das Taxi steht an der Haltestelle.	
Das Buch ist auf dem Tisch.	
Das Hotel ist in der Stadt.	
Renan ist auf der Arbeit.	
Süreyya ist beim Essen.	
Selma ist im Unterricht.	
Der Unterricht ist in der Schule.	
Das Konzert ist im Saal.	
Das Essen ist auf dem Tisch.	
Die Kinder sind im Garten.	

Übung 5 - Alıştırma 5

Auf die Frage:
Nereden geliyor? - Woher kommt er/sie/es?

ev	Evden geliyor.
berber	
öğretmen	
kuaför	
cami	
tünel	
hastane	
doktor	
üniversite	
dönerci	
fotoğrafçı	
otobüs	
sinema	
otel	
banka	
ayakkabıcı	
konser	
alışveriş	
pansiyon	
lokanta	
balıkçı	
müze	
deniz	

Übung 6 - Alıştırma 6

Auf die Frage:
Neyi görüyorsunuz? - Was sehen Sie?

lamba	Lambayı görüyorum.
şoför	
öğretmen	
kuaför	
sekreter	
tünel	
hastane	
hastabakıcı	
hemşire	
dönerci	
fotoğrafçı	
otobüs	
berber	
otel	
banka	
ayakkabıcı	
saat	
satıcı	
pansiyon	
lokanta	
balıkçı	
müze	
su	

Übung 7 - Alıştırma 7

Bilden Sie Fragesätze mit „wo" und antworten Sie wie im Beispiel. Übersetzen Sie die Sätze ins Deutsche!

Örnekteki gibi „Nerede" ile soru cümleleri kurup cevap verin! Cümleleri Almanca'ya çevirin!

Fatma/Hasan/oda	
Fatma'yla Hasan neredeler?	*Wo sind Fatma und Hasan?*
Odadalar.	*Sie sind im Zimmer.*
Ayşe/Emine/kapı	
Sevgi/Deniz/otobüs	
Selçuk/Faruk/banka	
Ahmet/Hüseyin/lokanta	
Gizem/Yunus/hastane	
Melisa/Aylin/postane	
Yavuz/Özden/pastane	
Yasemin/Nergiz/durak	

Veli/Metin/polis	
Sedat/Engin/konser	
Cengiz/Meral/müze	
Hatice/Sevgi/kurs	
Necat/Cevdet/futbol	
Turhan/Nermin/ev	
Hülya/Enes/sinema	
Müzeyyen/Dilek/Paris	
Lale/Sevda/yemek	
Abdullah/Nejat/hamam	

Übung 8 - Alıştırma 8

Wie heißen die folgenden Lehnwörter auf Deutsch?
Aşağıdaki ödünç sözcüklerin Almanca'da adları nedir?

avukat	der Rechtsanwalt
bakteri	
bale	
Balkanlar	
balo	
balon	
balo salonu	
banço	
bandaj	
bando	
banka	
banka kod numarası	
banka kredisi	
bankamatik	
banka transferi	
banker	
banknot	
baraj	
baraka	
barkod	
barmen	
basgitar	

die Bankleitzahl; die Banknote; der Barcode; der Ballon; der Barkeeper; der Ball; das Banjo; die Bassgitarre; die Kapelle/die Blaskapelle; das Ballett; die Bandage; die Bank; die Bakterie; der Bankkredit; der Balkan; die Banküberweisung; der Ballsaal; der Bankier; der Rechtsanwalt/die Rechtsanwältin; der Staudamm/die Talsperre; der Bankautomat; die Baracke

Übung 9 - Alıştırma 9

Bilden Sie Sätze und verneinen sie wie im Beispiel!
Übersetzen Sie die Sätze ins Deutsche!

„Örnekteki gibi cümleler kurup olumsuzlaştırın! Cümleleri Almanca'ya çevirin!

Veli/mektup yazmak	
Veli mektup yazıyor.	*Veli schreibt einen Brief.*
Veli mektup yazmıyor.	*Veli schreibt keinen Brief.*
Fatma/ limonata içmek	
Ayşe/eve gitmek	
Sevgi/Almanya'da oturmak	
Ülkü/ restoranda çalışmak	
Hüseyin/ gazete okumak	
Nuran/sigara içmek	
Dilanur/yemek yemek	
Filiz/çay içmek	

Ayşen/Almanca öğrenmek	
Vecdet /futbol oynamak	
Nevin/ ders çalışmak	
Emine/doktora gitmek	
Hayri/çikolata yemek	
Şükrü/ voleybol oynamak	
Emin/kitap okumak	
Turhan/ İngilizce konuşmak	
Songül /sinemaya gitmek	

Übung 10 - Alıştırma 10

Übersetzen Sie folgende Sätze ins Türkische!
Aşağıdaki cümleleri Türkçe'ye çevirin!

Alis Hose ist aus Wolle.	Ali'nin pantolonu yünden.
Petras Kleid ist aus Perlon.	
Die Schuhe sind aus Leder.	
Die Tür ist aus Eisen.	
Der Kamm ist aus Kunststoff.	
Die Handschuhe sind aus Kunststoff.	
Der Ring seiner Mutter ist aus Gold.	
Die Vase ist aus Glas.	
Der Pulli ist aus Baumwolle.	
Sein Hemd ist aus der Türkei.	
Der Boden ist aus Stein.	
Das Buch ist aus der Bibliothek.	
Seine Freundin ist aus Paris.	
Der Kelim ist aus Baumwolle.	
Die Krawatte ist aus Seide.	
Die Nachricht ist aus der Zeitung.	
Das Geld ist von mir.	
Der Gruß ist von Merve.	
Die Brücke ist aus Stahl.	
Die Zeitung ist aus Papier.	

Übung 11 - Alıştırma 11

Bilden Sie Fragesätze und antworten Sie einmal mit „Ja" und einmal mit „Nein" wie im Beispiel! Übersetzen Sie ins Deutsche!

Örnekteki gibi soru cümleleri kurduktan sonra bir „Evet" ile, sonra da „Hayır" ile cevap verin! Almanca'ya çevirin!

Ayşe – Türkçe konuşmak	
Ayşe Türkçe konuşuyor mu?	*Spricht Ayşe Türkisch?*
Evet, Türkçe konuşuyor.	*Ja, sie spricht Türkisch.*
Hayır, Türkçe konuşmuyor.	*Nein, sie spricht kein Türkisch.*
Veli – mektup yazmak	
Veli mektup	*Schreibt Veli einen Brief?*
Evet,	*Ja, er*
Hayır,	*Nein, er*
Ayşe – eve gitmek	
Ayşe eve	
Evet,	
Hayır,	
Sevgi – Almanya'da oturmak	
Sevgi	
Evet,	
Hayır,	
Ülkü – restoranda çalışmak	
Ülkü	
Evet,	
Hayır,	
Hüseyin – gazete okumak	
Hüseyin	
Evet,	
Hayır,	

Nuran – sigara içmek	
Erdoğan – yemek yemek	
Filiz – çay içmek	
Ayşen – Almanca öğrenmek	
Vecdet – futbol oynamak	
Nevin – ders çalışmak	
Emine – doktora gitmek	
Hayri – çikolata yemek	

Übung 12 - Alıştırma 12

Wie heißen die folgenden Lehnwörter auf Deutsch?
Aşağıdaki ödünç sözcüklerin Almanca'da adları nedir?

artistik patinaj	der Eiskunstlauf
arya	
asansör	
asfalt	
asit	
astım	
astrofizik	
astroloji	
astronomi	
Asya	
Atina	
atipik	
atletizm	
atmosfer	
atom	
atom santrali	
atölye	
atraksiyon	
avans	
avantaj	
avro	
Avrupa	

die Leichtathletik; Asien; die Astrologie; der Asphalt; die Arie; atypisch; die Säure; die Astrophysik; die Astronomie; Athen; die Atmosphäre; das Asthma; das Atomkraftwerk; der Eiskunstlauf; das Atelier/die Werkstatt; der Aufzug/der Fahrstuhl; die Attraktion/die Glanznummer; das Atom; der Vorschuss; der Euro; der Vorteil; das Europa

Übung 13 - Alıştırma 13

Bilden Sie Fragesätze, indem Sie das Subjekt mit der Fragepartikel betonen und antworten Sie mit „Nein" wie im Beispiel! Übersetzen Sie ins Deutsche!

Örnekteki gibi özneyi soru eki ile vurgulayarak soru cümleleri kurduktan sonra „Hayır" ile cevap verin! Almanca'ya çevirin!

Erol/ben – Türkçe öğrenmek	
Erol mu Türkçe öğreniyor?	*Lernt Erol Türkisch?*
Hayır, ben Türkçe öğreniyorum.	*Nein, ich lerne Türkisch.*
Ülkü/Necla – mektup yazmak	
Ülkü mü	
Hayır, Necla	
Ahmet/o – yemek yemek	
Ayşe/onlar – eve gitmek	
Celal/biz – İtalyanca öğrenmek	
Mustafa/sen – okula gitmek	
Nuran/o – futbol oynamak	

Ela/annem – doktora gitmek	
Nevin/baban – sigara içmek	
Veli/siz – Türkçe konuşmak	
Hayri/çocuk – çikolata yemek	
öğretmen/müdür – oturmak	
Filiz/ben – kitap okumak	
Vedat/biz – Türkiye'ye gitmek	
Faruk/misafirler – çay içmek	
Güldane/annesi – gazete okumak	
Fasıl/Vecdet – çok çalışmak	

Nursen/abim – tenis oynamak	
Bilge/ablası – Almanya'da oturmak	
Şükrü/Gizem - İngilizce konuşmak	
Sinem/biz – bankaya gitmek	
Hasan/ben – bu romanı okumak	
Ayşegül/babası – o fabrikada çalışıyor	
bizim öğretmenimiz/Ayşe'nin annesi – bu sokakta oturmak	

Übung 14 - Alıştırma 14

Wie heißen die folgenden Lehnwörter auf Deutsch?
Aşağıdaki ödünç sözcüklerin Almanca'da adları nedir?

basil	der Bazillus
basketbol	
bastiyon	
bateri	
baterist	
Bavyera	
baz	
bazilika	
bebek	
benzin	
benzin deposu	
benzin istasyonu	
berber	
berber salonu	
beton	
bilanço	
bilardo	
biogaz	
bira	
bira fabrikası	
bisiklet	
biyografi	

die Brauerei; der Friseursalon; der Bazillus; die Bastion/die Hochburg; die Bilanz; das Schlagzeug; der Schlagzeuger; Bayern; die Basis/die Grundlage; die Basilika; das Baby/die Puppe; das Benzin; die Tankstelle; der Barbier/der Friseur; der Beton; der Benzintank; das Billard; das Biogas; das Bier; das Fahrrad; der Basketball; die Biografie

Übung 15 - Alıştırma 15

Bilden Sie Sätze wie im Beispiel! Benutzen Sie die „Sein-Endung" der dritten Person Singular. Übersetzen Sie!
Örnekteki gibi cümleler kurun! Üçüncü tekil kişi 'olmak eki'ni kullanın! Almanca'ya çevirin!

adam – Türk	
Bu adam Türk müdür?	Evet, Türktür.
Ist dieser Mann Türke?	Ja, er ist Türke.
kitap – Almanca	
televizyon – portatif	
araba – Ford	
gazete – Fransızca	
roman – enteresan	
çay – şekerli	
kahve – sade	
adam – hasta	

pasta – kremalı	
film – komik	
sigara – filtreli	
ders – matematik	
kalem – iyi	
saat – doğru	
problem – komplike	
sinema – büyük	
tuvalet – temiz	
para - çok	
manto – yeni	

Übung 16 - Alıştırma 16

Bilden Sie Fragesätze und antworten Sie einmal mit „Ja" und einmal mit „Nein" wie im Beispiel! Übersetzen Sie ins Deutsche!

Örnekteki gibi soru cümleleri kurduktan sonra bir „Evet" ile, sonra da „Hayır" ile cevap verin! Almanca'ya çevirin!

Güldane – Türkiye'ye gitmek	
Güldane Türkiye'ye gidiyor mu?	*Fährt Güldane in die Türkei?*
Evet, Türkiye'ye gidiyor.	*Ja, sie fährt in die Türkei.*
Hayır, Türkiye'ye gitmiyor.	*Nein, sie fährt nicht in die Türkei.*
Şükrü – voleybol oynamak	
Evet,	
Hayır,	
Muhammet – İngılizce bilmek	
Evet,	
Hayır,	
Sevda – hastanede çalışmak	
Evet,	
Hayır,	
Nergis – yemek pişirmek	
Evet,	
Hayır,	
Musa – namaz kılmak	

Evet,	
Hayır,	
Kadriye – üniversitede okumak	
Evet,	
Hayır,	
Melise – büroda çalışmak	
Evet,	
Hayır,	
Ali – koşuya katılmak	
Evet,	
Hayır,	
otobüs – bu durakta durmak	
Evet,	
Hayır,	
uçak – Frankfurt'a inmek	
Evet,	
Hayır,	
Hasan – Enes'le oynamak	
Evet,	
Hayır,	

Übung 17 - Alıştırma 17

Wie heißen die folgenden Lehnwörter auf Deutsch?
Aşağıdaki ödünç sözcüklerin Almanca'da adları nedir?

anten	
antibiyotik	
antifriz	
antika	
antikor	
antipropaganda	
antitez	
antoloji	
antrikot	
apandis	
aparkat	
apartman	
aperitif	
apse	
Arabistan	
aritmi	
arkeoloji	
armoni	
arp	
artist	

die Gegenpropaganda; der Aperitif; die Antenne; Herzrhythmusstörungen; die Antiquität; der Antikörper; die Anthologie; der Blinddarm; das Entrecote; der Aufwärtshaken; das Mehrfamilienhaus; das Frostschutzmittel/die Kühlflüssigkeit; der Abszess; das Arabien; die Archäologie; die Harmonie; das Antibiotikum; die Harfe; die Antithese; der Artist

Übung 18 - Alıştırma 18

Wie spät ist es? - Saat kaç?

Şimdi saat kaç?	Bir buçuk.
Yarım saat sonra saat kaç?	İki.
On dakika sonra saat kaç?	İkiye yirmi var.
On beş dakika sonra saat kaç?	
Bir saat sonra saat kaç?	
Bir buçuk saat sonra saat kaç?	
Kırk dakika sonra saat kaç?	
Altmış dakika sonra saat kaç?	
On iki saat sonra saat kaç?	
Altı saat sonra saat kaç?	
Üç saat sonra saat kaç?	
Otuz dakika sonra saat kaç?	
Yirmi dört saat sonra saat kaç?	
İki buçuk saat sonra saat kaç?	
Üç çeyrek saat sonra saat kaç?	
Elli dakika sonra saat kaç?	
Otuz beş dakika sonra saat kaç?	
Yetmiş dakika sonra saat kaç?	
Dört saat sonra saat kaç?	
Beş dakika sonra saat kaç?	

Übung 19 - Alıştırma 19

Bilden Sie Sätze mit der einfachen Vergangenheit wie im Beispiel!
Örnekteki gibi Di-li geçmiş zaman ile cümleler kurun!

kitap/masa/almak	
Kitabı masadan aldı.	Er/Sie/Es hat das Buch vom Tisch genommen.
şoför/oto/inmek	
kalem/çanta/almak	
dün/kuaför/gitmek	
üç saat/gazete/okumak	
tren/tünel/geçmek	
bir ay/hastane/çalışmak	
kurs/okul/olmak	
tren/istasyon/durmak	
dönerci/döner/almak	
tramvay/durak/durmak	
Hasan/berber/gitmek	
otel/dört gün/kalmak	

banka/para/ çekmek	
oto/garaj/koymak	
otobüs/durak/durmak	
çay/bardak/içmek	
pilot/uçak/binmek	
salata /market/almak	
market/salata/almak	
su/şişe/içmek	
üç yıl/Londra/oturmak	
banka/para/çekmek	
kitap/masa/koymak	
otobüs/Antalya/gelmek	
ekmek/süpermarket/almak	
gözlük/gözlükçü/almak	
et/buzdolabı/koymak	

Übung 20 - Alıştırma 20

Wie heißen die folgenden Lehnwörter auf Deutsch?
Aşağıdaki ödünç sözcüklerin Almanca'da adları nedir?

biyoloji	die Biologie
blog	
blokaj	
bloknot	
blöf	
blucin	
blûz	
Bohemya	
boks	
boksör	
boks sporu	
boks şampiyonası	
bomba	
bombardıman	
bonbon	
bonfile	
bordo	
borsa	
Bosna-Hersek	
botanik	
branş	
Bretanya	

die Börse; die Sperre; die Bretagne; die Branche/die Fachrichtung; die Biologie; der Notizblock; der Bluff; die Bluejeans; die Bluse; Böhmen; das Boxen; der Bonbon; der Boxer/die Boxerin; der Boxsport; die Boxmeisterschaft; die Bombe; das Bombardement; der Blog; das Filetsteak; Bosnien-Herzegowina; bordeauxrot; die Botanik

Übung 21 - Alıştırma 21

Übersetzen Sie folgende Sätze ins Deutsche!
Aşağıdaki cümleleri Almanca'ya çevirin!

Hasan kapıda mı?	Ist Hasan an der Tür?
Evet, kapıda.	
Gazete masada mı?	
Süreyya yemek yiyor mu?	
Hasan tatilde değil.	
Leyla voleybol oynuyor mu?	
Nesrin banyoda duş alıyor.	
Yasemin Türkiye'ye gidiyor.	
Projektör nerede?	
Ders okulda değil, üniversitede.	
Telefonda konuşuyorlar.	
Ali su içiyor.	
Aylin Bochum'da oturuyor.	
Hasan gazete okuyor.	
Eşref yatakta.	
Yemekte Salata yok.	
Şişede su var.	
Ülkü nerede çalışıyor?	
Hasan öğretmen mi?	
Hasan öğretmen değil, işçi.	
Deniz masada oturuyor.	
İtalya'ya trenle gidiyor.	
Bana bir mesaj gönderdi.	
Yarın sinemaya gidecek.	

Übung 22 - Alıştırma 22

Fügen Sie die fehlenden Endungen ein!
Übersetzen Sie ins Deutsche!
Eksik olan ekleri tamamlayın!
Almanca'ya çevirin!

T	Tünel... bir Alman araba... geçiyor.
D	
T	Turist... otobüs... iniyorlar.
D	
T	Alman turist... otobüs... biniyor... .
D	
T	Tren Köln'... Dortmund'... gidiyor.
D	
T	Saat 7'... ev... çıkıp iş... gidiyorum.
D	
T	Hangi okul... gidiyorsun?
D	
T	Saat 5'... sinema... gidiyoruz.
D	
T	Nere... geliyorsun?
D	
T	Durak... bekliyorum.
D	
T	Nere... gidiyorsun?
D	
T	Saat 3'... siz... geleceğiz.
D	
T	Tatil... Antalya... gideceğiz.
D	

Übung 23 - Alıştırma 23

Wie heißen die folgenden Lehnwörter auf Deutsch?
Aşağıdaki ödünç sözcüklerin Almanca'da adları nedir?

Brezilya	Brasilien
briç	
brifing	
briket	
Britanya	
bronş	
bronşit	
bronz	
broş	
Brüksel	
brüt	
Budapeşte	
bukalemun	
buke	
Bulgaristan	
burjuvazi	
Bükreş	
büro	
bürokrasi	
bütçe	
caz	
caz müziği	

das Bukett; die Bronze; Brasilien; die Brosche; das Briefing; Britanien; die Bronchie; die Bronchitis; Brüssel; brutto; Budapest; das Chamäleon; Bulgarien; das Brikett; die Bourgeoisie/das Bürgertum; Bukarest; das Bridge; das Büro; das Haushalt/das Budget; der Jazz; die Bürokratie; die Jazzmusik

Übung 24 - Alıştırma 24

Ordnungszahlen - Ergänzen Sie die Sätze!
Sıra sayıları – Cümleleri tamamlayınız!

1.	Birinci sayfadan sonra ………… sayfa gelir.
2.	Dokuzuncu sayfadan sonra ………… sayfa gelir.
3.	On birinci sayfadan önce ………… sayfa gelir.
4.	………… sayfadan önce üçüncü sayfa gelir.
5.	On sekizinci sayfadan sonra ………… sayfa gelir.
6.	Doksan dokuzuncu sayfadan sonra ………… sayfa gelir.
7.	Yüzüncü sayfadan sonra ………… sayfa gelir.
8.	Yirminci sayfadan sonra ………… sayfa gelir.
9.	Otuz birinci sayfadan önce ………… sayfa gelir.
10.	Seksen yedinci sayfadan sonra ………… sayfa gelir.
11.	………… sayfadan sonra ellinci sayfa gelir.
12.	………… sayfadan önce altmışıncı sayfa gelir.
13.	Yetmişinci sayfadan sonra ………… sayfa gelir.
14.	Yedinci sayfadan sonra ………… sayfa gelir.
15.	………… sayfadan sonra kırkıncı sayfa gelir.
16.	On birinci sayfadan önce ………… sayfa gelir.
17.	Yirmi beşinci sayfadan sonra ………… sayfa gelir.
18.	Yirmi dördüncü sayfadan sonra ………… sayfa gelir.
19.	………… sayfadan sonra otuz sekizinci sayfa gelir.
20.	Yirmi ikinci sayfadan sonra ………… sayfa gelir.
21.	Otuz üçüncü sayfadan önce ………… sayfa gelir.
22.	Kırk dokuzuncu sayfadan sonra ………… sayfa gelir.
23.	Yüz dokuzuncu sayfadan sonra ………… sayfa gelir.
24.	Dokuz yüz doksan dokuzuncu sayfadan sonra ………… sayfa gelir.

Übung 25 - Alıştırma 25

Wie heißen die folgenden Lehnwörter auf Deutsch?
Aşağıdaki ödünç sözcüklerin Almanca'da adları nedir?

coğrafya	die Geographie
coker	
cokey	
Çek	
Çekçe	
Çin	
çinçilya	
çip	
dans	
dansör	
dansöz	
defans	
dejenere	
dekadans	
dekatlon	
dekor	
demagoji	
demokrasi	
deodoran	
depo	
depozit	
depresyon	

das Deo/Deodorant; die Geographie; der Jockey; der Tscheche/die Tschechin; das Depot/das Lager/der Tank; Tschechisch; China; die Chinchilla; der Chip; der Tanz; degeneriert; die Devensive/die Abwehr; die Dekadenz; der Zehnkampf; die Tänzerin; das Dekor; die Demagogie; die Demokratie; das Pfand/die Kaution; der Joker; der Tänzer; die Depression

Übung 26 - Alıştırma 26

Wie heißt das Gegenwort? Wie heißt das auf Deutsch?
Karşıt anlamı ne? Almancası ne?

	Deutsch		Deutsch
yok	gibt es nicht	var	gibt es
gitmek			
siyah			
burada			
almak			
hızlı			
çok			
soğuk			
kapalı			
beyaz			
büyük			
iyi			
kısa			
yaşlı			
güneşli			
eski			
alkollü			
paralı			
müzikli			
akıllı			
tembel			
kalın			
uzun			

Übung 27 - Alıştırma 27

Wie heißen die folgenden Lehnwörter auf Deutsch?
Aşağıdaki ödünç sözcüklerin Almanca'da adları nedir?

dermatoloji	die Dermatologie
desimetre	
deşarj	
detay	
devalüasyon	
dezavantaj	
dijital	
diktatör	
dikte	
diploma	
diplomasi	
direksiyon	
direktör	
disiplin	
disk	
diskalifiye	
disket	
diskli fren	
diskjokey	
distribütör	
diyabet	
diyagram	

die Diplomatie; die Dermatologie; die Entladung; das Detail; die Abwertung; der Nachteil; digital; der Verteiler; die Diskette; der Diktator; das Diktat; der Dezimeter; das Diplom; die Lenkung/das Lenkrad; die Disziplin; das Diagramm; der Diskus/die Scheibe/die Diskette; der Direktor/die Direktorin; disqualifiziert; die Scheibenbremse; der Diskjockey; der Diabetes

Übung 28 - Alıştırma 28

Ergänzen Sie die Sätze! Übersetzen Sie sie ins Deutsche!
Cümleleri tamamlayınız! Almanca'ya çevirin!

T	Ayşe saat 10... 5 geç... bize gelecek.
D	Ayşe wird um 5 nach 10 zu uns kommen.
T	Şimdi saat 10... 5 geç... .
D	
T	Dersimiz saat 8... çeyrek kal... başlıyor.
D	
T	Şimdi saat 8... çeyrek geç... .
D	
T	Şimdi saat 12... 6 (dakika) var.
D	
T	Öğle yemeği tam yarım... .
D	
T	Sinema 9 buçuk... bitiyor.
D	
T	9 buçuk... 5 var, 9... 25 geç... demektir.
D	
T	19.35 veya 7 buçuk... 5 geç... veya 8... 25 var.
D	
T	Dersimiz saat 9... çeyrek geç... bitiyor.
D	
T	Birinci programdaki film saat 21.45... başlayıp saat 22.30... bitiyor.
D	
T	Konferans 1... 25 geç... başlayıp 3 saat sürdü.
D	

T	Akşam 9... sabah 9... kadar 12 saat uyudu.
D	
T	Emine 2... 4... kadar evde kalıp çocuklara baktı.
D	
T	Saat 5... 5 geç... 7... 7 kala... kadar futbol oynadılar.
D	
T	10... 10 geç... ders başlayacak.
D	
T	Ali, 10... 5 kal... 10... 10 geç... kadar dinlendi.
D	
T	Antrenman, saat 8... 10 geç... başlayıp 12... 5 kal... kadar sürdü.
D	
T	Saat 9... kalkıp 10... kadar kahvaltı etti.
D	
T	Gülcan'ın treni saat 9... 10 geç... kalkıyor.
D	

Übung 29 - Alıştırma 29

Beantworten Sie die Fragen auf Türkisch und lösen Sie das Kreuzworträtsel!
Sorulara Türkçe cevap vererek bilmeceyi çözün!

von links nach rechts
1.der Markt/der Basar/der Sonntag; er/sie/es; 2.der Salat; die Hand; 3. nimm oder rot; 4. das Buch; die Verneinungsendung mit einem hellen Vokal; 5.die Pfeife; er/sie/es; der Wagen; 6.die Pluralendung mit einem hellen Vokal; 7.der Stift; 8.die Maschine; weiß oder fließ; 9.der Soldat

von oben nach unten
1.schmutzig; 2.das Taxi; 3.nimm oder rot; 4.komisch; 5.die Arbeit; 6.die Hose; 7.das Haus oder die Wohnung; 8.der Park; 9.such oder der Abstand; 10.die Scheinwerfer; 12.der Apfel; das Spiel oder das Match; 13.sei oder die Befehlsform von sein

Übung 30 - Alıştırma 30

Wie heißen folgende Familienmitglieder auf Deutsch?
Aşağıdaki aile bireylerinin Almanca'da adları nedir?

baba	der Vater
anneanne	
babaanne	
amca	
baldız	
teyze	
hala	
dayı	
kız kardeş	
abla	
damat	
kayınpeder	
gelin	
kayınvalide	
bacanak	
kayınbirader	
yenge	
abi/ağabey	
erkek kardeş	
kuzen	
kuzin	

der Bräutigam/der Schwiegersohn; der Vater; der Onkel (väterlicherseits); der Cousin/der Vetter; die Schwägerin (Schwester der Ehefrau); die Tante (mütterlicherseits); der (ältere) Bruder; die Tante (väterlicherseits); der Onkel (mütterlicherseits); der Schwippschwager; die Großmutter (Mutter der Mutter); die (jüngere) Schwester; die (ältere) Schwester; der Schwiegervater; die Braut/die Schwiegertochter; die Schwiegermutter; der Schwager (der Bruder des Ehemannes/der Ehefrau); die Großmutter (Mutter des Vaters); die (angeheiratete) Tante/die Schwägerin; der (jüngere) Bruder; die Cousine

Übung 31 - Alıştırma 31

Bilden Sie Sätze wie im Beispiel!
Örnekteki gibi cümleler kurun!

tiyatro – konser (onlar)	Onlar tiyatrodan sonra konsere gidiyorlar.
Hasan – ev (ben)	.
Türkiye – Yunanistan (turistler)	
saat bir – antrenman (ben)	
yemek – alış veriş (Necla)	
sinema – Ayşe (biz)	
iş - ev (sen)	
okul – spor (biz)	
öğle – park (siz)	
ders – bira içme (onlar)	
televizyon – yatak (çocuk)	
kurs – kantin (öğrenciler)	
büro – kafeterya (bankacılar)	
İzmir – Efes (Almanlar)	
saat dört – bir arkadaş (ben)	
lokanta – sinema (o)	
Emin – Mehmet (siz)	
bu sigara – ev (ben)	
spor – hamam (o)	
saat iki – kurs (öğrenci)	

Übung 32 - Alıştırma 32

Übersetzen Sie folgende Sätze ins Türkische!
Aşağıdaki cümleleri Türkçe'ye çevirin!

Ist Hasan an der Tür?	Hasan kapıda mı?
Ja, er ist dort.	
Ist Nermin im Unterricht?	
Nein, sie ist im Kino.	
Nevin arbeitet viel.	
Aylin und Norbert lernen Türkisch.	
Er liest ein Buch.	
Er sitzt am Tisch.	
Nevin wohnt in der Türkei und Ülkü in Deutschland.	
Hasan geht zur Uni.	
Er lernt Türkisch.	
Geht sie zum Kurs?	
Der Kurs ist in der Schule.	
Ist die Musik im Radio?	
Nein, sie ist im Fernsehen.	
Hasan liest Zeitung.	
Hasan isst.	
Hasan geht ins Kino.	
Was ist das?	
Hasan spielt Fußball.	

Übung 33 - Alıştırma 33

Wie heißen die folgenden Lehnwörter auf Deutsch?
Aşağıdaki ödünç sözcüklerin Almanca'da adları nedir?

diyalekt	der Dialekt
diyalog	
diyaliz	
diyot	
dizayn	
doçent	
doping	
doping skandalı	
dosya	
dosya numarası	
doz	
dozaj	
döviz	
draje	
dram	
drenaj	
duş	
duş kabini	
düet	
edisyon	
editör	
efemine	

der Dopingskandal; die Dialyse; das Duett; die Edition; der Dialekt; der Dialog; das Aktenzeichen; die Diode; der Dozent/die Dozentin; die Dusche; das Doping; der Editor; das Dossier/die Akte/die Datei; die Entwässerung; die Dosis; die Dosierung; die Devisen; das Dragee; das Drama; das Design; die Duschkabine; weiblich

Übung 34 - Alıştırma 34

Bilden Sie Sätze wie im Beispiel. Übersetzen Sie die Sätze ins Deutsche!

Örnekteki gibi cümleler kurun! Cümleleri Almanca'ya çevirin!

patates /4 kilo	Kartoffeln/4 Kilo
Dört kilo patates istiyorum.	Ich möchte vier Kilo Kartoffeln.
dolmalık biber/400 gram	Paprikaschoten/400 Gramm
bira/½ litre	
döner/2 porsiyon	
zeytin /350 gram	
bonfile/2 kilo	
yumurta/10 tane	
kavun /3 tane	
beyaz peynir /250 gram	
süper benzin/40 litre	
su/3 şişe	
sigara/5 paket	
limonata/2 bardak	

çay/3 fincan	
kıyma/450 gram	
elma/2,5 kilo	
tütün/50 gram	
kitap/2 tane	
domates /3 kilo	
tuvalet kâğıdı/9 paket	
portakal/1,5 kilo	
mercimek/700 gram	
tenis topu/8 tane	
kablo/25 metre	

Übung 35 - Alıştırma 35

Wie heißen die folgenden Lehnwörter auf Deutsch?
Aşağıdaki ödünç sözcüklerin Almanca'da adları nedir?

efor	die Anstrengung
egoist	
egoizm	
egzama	
egzersiz	
egzotik	
egzoz	
egzoz gazı	
ekip	
ekoloji	
ekonomi	
ekosistem	
eksantrik	
eksper	
ekspertiz	
ekspoze	
ekspress	
ekstra	
ekvator	
elektrik	
elektrik ampulü	
elektroşok	

die Elektrik/die Elektrizität; die Anstrengung; das Ekzem; exotisch; der Auspuff; der Egoismus; die Mannschaft; der Elektroschock; die Ökologie; die Wirtschaft; das Ökosystem; exzentrisch; der Experte/die Expertin; die Übung; die Expertise; der Egoist/die Egoistin; das Exposé; der Express; extra; der Äquator; das Abgas; die Glühbirne

Übung 36 - Alıştırma 36

Bilden Sie Sätze wie im Beispiel. Übersetzen Sie die Sätze ins Deutsche!

Örnekteki gibi cümleler kurun! Cümleleri Almanca'ya çevirin!

eve gitmek /ben	nach Hause gehen/ich
Eve gideceğim.	Ich werde nach Hause gehen.
yemek yemek/ben	
Bochum'da oturmak /sen	
Türkçe öğrenmek /biz	
Paris'e gitmek/tren	
Türkiye'den gelmek /Ali	
yemek yemek /çocuklar	
çay içmek/siz	
okula gitmek/öğrenciler	
televizyon izlemek /biz	
sinemaya gitmek /ben	
Türkçe öğrenmek /sen	
kitap okumak/onlar	

limonata içmek/ben	
bu akşam gelmek/onlar	
bankaya gitmek/ben	
gazete okumak/ben	
Türkçe konuşmak/siz	
alış veriş yapmak/sen	

Übung 37 - Alıştırma 37

Wie heißen diese Länder auf Deutsch?
Bu ülkelerin Almanca'da adları nedir?

Tunus	
Almanya	
Arnavutluk	
Avusturya	
Avustralya	
Belçika	
Bulgaristan	
Cezayir	
Danimarka	
Finlandiya	
Fransa	
Hindistan	
İngiltere	
Hollanda	
İspanya	
İrlanda	
İskoçya	
İsveç	
İsviçre	
İtalya	
Japonya	
Kıbrıs	
Küba	
Mısır	
Polonya	
Portekiz	
Yunanistan	

Übung 38 - Alıştırma 38

Wie heißen die folgenden Lehnwörter auf Deutsch?
Aşağıdaki ödünç sözcüklerin Almanca'da adları nedir?

elektrot	die Elektrode
elips	
elit	
empati	
emperyalizm	
empresyonizm	
endeks	
endikasyon	
endirekt	
Endonezya	
Endülüs	
endüstri	
enerji	
enerji krizi	
enfarktüs	
enfeksiyon	
enflasyon	
enformasyon	
enfraruj	
enfrastrüktür	
enjeksiyon	
enjektör	

Andalusien; die Injektion/die Einspritzung; die Ellipse; die Empathie; der Infarkt; der Impressionismus; die Indikation; Indonesien; die Industrie; die Energie; indirekt; die Energiekrise; die Infektion/die Ansteckung; die Inflation; der Index; die Information/die Auskunft; die Elektrode; der Imperialismus; das Infrarot; die Infrastruktur; die Elite/elitär; der Injektor/die Spritze

Übung 39 - Alıştırma 39

Bilden Sie Sätze wie im Beispiel. Übersetzen Sie die Sätze ins Deutsche!
Örnekteki gibi cümleler kurun! Cümleleri Almanca'ya çevirin!

kurs /konser	*der Kurs /das Konzert*
Kursa mı gidiyorsun?	*Gehst du zum Kurs?*
Hayır, konsere gidiyorum.	*Nein, ich gehe ins Konzert.*
ev/okul	
tiyatro /ders	
Türkiye /Fransa	
otobüs/taksi	
yemek/ çay	
ders/ iş	
sinema/tiyatro	
Frankfurt/Münih	

alış veriş/golf	
banka/postane	
istasyon/park	
telefon/mutfak	
postane/ maç	
doktor/avukat	
hastane/poliklinik	
lokanta/ çayhane	
büro/deniz	
Sicilya/Korsika	
garaj/otopark	

Übung 40 - Alıştırma 40

Bilden Sie Sätze wie im Beispiel. Übersetzen Sie die Sätze ins Deutsche!

Örnekteki gibi cümleler kurun! Cümleleri Almanca'ya çevirin!

kahve /çay/içmek	der Kaffee /der Tee/trinken
Kahve içmiyorum, çay içiyorum.	Ich trinke keinen Kaffee, sondern Tee.
domates/sivri biber/yemek	
limonata/bira/ içmek	
Türkçe/İtalyanca/öğrenmek	
futbol/tenis/oynamak	
sinemaya/tiyatroya/gitmek	
dergi/gazete/okumak	
burada/orada/oturmak	
derse/spora/gitmek	
Çince/Almanca/ konuşmak	
kantinde/evde/yemek yemek	
müzede/konservatuarda/ çalışmak	

roman/mektup/yazmak	
Türkiye'de/Almanya'da/oturmak	
derste/parkta/olmak	
otelde/pansiyonda/uyumak	
ormanı/denizi/görmek	
işten/evden/gelmek	
müzik/haberleri/dinlemek	
bisiklete/motosiklete/binmek	

Übung 41 - Alıştırma 41

Wie heißen die folgenden Lehnwörter auf Deutsch?
Aşağıdaki ödünç sözcüklerin Almanca'da adları nedir?

enstitü	das Institut
enstrüman	
enstrümantal müzik	
ensülin	
entegrasyon	
enteresan	
enternasyonal	
entrika	
envanter	
envestisman	
enzim	
epidemi	
epik	
epilepsi	
epilog	
e-posta	
eroin	
erotik	
erozyon	
espri	
etiket	
etnik	

das Instrument; das Institut; die Integration; international; die Inventur; das Enzym; die Epidemie; die Epilepsie; der Epilog; die Intrige; die E-Mail; das Heroin; erotisch; interessant; die Epik; das Investment; die Erosion; die Instrumentalmusik; der Witz; das Etikett; das Insulin; ethnisch

Übung 42 - Alıştırma 42

Ergänzen Sie mit der Possessiv-Endung!
İyelik ekini kullanarak tamamlayın!

	araba	kitap	kalem
benim	arabam	kitabım	kalemim
senin			
onun			
bizim			
sizin			
onların			

	sandalye	defter	silgi
benim			
senin			
onun			
bizim			
sizin			
onların			

	masa	arkadaş	okul
benim			
senin			
onun			
bizim			
sizin			
onların			

	çanta	otel	uçak
benim			
senin			
onun			
bizim			
sizin			
onların			

	göz	gözlük	gözlükçü
benim			
senin			
onun			
bizim			
sizin			
onların			

	bardak	tabak	çatal
benim			
senin			
onun			
bizim			
sizin			
onların			

Übung 43 - Alıştırma 43

Ergänzen Sie die Sätze wie im Beispiel. Übersetzen Sie ins Deutsche!
Örnekteki gibi cümleler tamamlayın! Almanca'ya çevirin!

Ayşe saat 10'**u** 5 **geçe** bize gelecek.	Ayşe wird um 5 nach 10 zu uns kommen.
Şimdi saat 10'u 5 … .	
Dersimiz saat 8'e çeyrek … başlıyor.	
Şimdi saat 8'i çeyrek … .	
Şimdi saat 12'ye 6 … .	
9 buçuğa 5 …, 9… 25 … demektir.	
19.35 veya 7 buçuğu 5 … veya 8'e 25 … .	
Dersimiz saat 9… çeyrek geçe bitiyor.	
Konferans 1'i 25 … başlayıp 3 saat sürdü.	
Akşam 9… sabah 9… kadar 12 saat uyudu.	
Emine 2… 4… kadar evde kalıp çocuklara baktı.	
Saat 5… 5 geç… 7… 7 kala… kadar futbol oynadılar.	
10… 10 geç… ders başlayacak.	
Antrenman, saat 8… 10 geç… başlayıp 12… 5 kal… kadar sürdü.	

Saat 9... kalkıp 10... kadar kahvaltı etti.	
Gülcan'ın treni saat 9... 10 geç... kalkıyor.	
Partisi saat 7... başlayıp tam 10... 5 geç... bitti.	
Saat 5 buçuk... bize gelecek.	
Saat 5... 6 geç... kadar kaldı.	
Otobüs saat 4... çeyrek geç... gelecek.	
Misafirler akşam 7 buçuk... gelip 10... gittiler.	
Fılm saat 6 buçuk... değil, 7... çeyrek kal... başlıyor.	
Hasan dün saat 2... gelip bugün saat 5... gitti.	
Saat 12... lokantada buluştular.	
Otobüs durağa 10... 5 geç... gelecek.	

Übung 44 - Alıştırma 44

Bilden Sie Sätze wie im Beispiel. Übersetzen Sie die Sätze ins Deutsche!

Örnekteki gibi cümleler kurun! Cümleleri Almanca'ya çevirin!

Hasan /bisiklet/balkon	Hasan/das Fahrrad/der Balkon
Hasan'ın bisikleti balkonda.	Hasans Fahrrad ist auf dem Balkon.
Turhan/ çanta /dolap	
müdür/oda/ ikinci kat	
Nurhan/giysi/dolap	
Ali/okul/tepe	
Rauf/araba/otopark	
Sema/anne/Türkiye	
avukat/büro/meydan	
Remzi/sigara/araba	
Sema/okul/Köln	
Enver/gözlük/çanta	
çocuk /oyuncak/kutu	

misafir/kahve/mutfak	
Esma/adres/kartvizit	
Ömer/banka/ şehir	
müzisyen/gitar/otobüs	
politikacı/ev/bulvar	
Canan/para/banka	
Hatice/araba/garaj	
ben/ders/okul	
şef/eş/kantin	
o/kız/doktor	
Hasan/çocuklar/tatil	
Necla/abi/Almanya	

Übung 45 - Alıştırma 45

Lesen Sie den Text und beantworten Sie die Fragen auf Türkisch! Übersetzen Sie die Sätze ins Deutsche!
Metni okuyun ve soruları cevaplandırın! Cümleleri Almanca'ya çevirin!

Hasan doktorda

Hasan'ın iki günden beri boğazı ağrıyor. En sonunda dayanamadı, aile doktorundan randevu aldı. Durumu acil olduğu için hemen ertesi günü saat sekizde randevu verdiler.

Hasan uyuyakalmamak için çalar saatini ayarladı. Sabah saat sekizde doktorda olmak için altı buçukta kalkacak, duş alıp traş olduktan sonra giyenecek, ondan sonra bir çay içeçek ve saat yedide yola çıkacak.

Ertesi gün Hasan gözlerini açtı. Çalar saate baktı. Saat sekiz buçuktu. Hasan uyuyakalmıştı. Duş almadan, traş olmadan alelacele giyindi. Çay içmeden sokağa fırladı. Koşa koşa yirmi dakikada kan ter içinde doktora vardı.

Resepsiyondaki bayan bir kaç dakika bekleme odasında oturmasını söyledi. Hasan bekleme odasındaki boş koltuklardan birine oturdu. Ter kokuyordu. Yutkundu. Boğaz ağrısı geçmişti. Bir daha yutkundu. Herşey normaldi. Yerinden kalktı, resepsiyona gitti. Oradaki bayana, „Ben iyileştim. Yirmi dakika koşu mucize yarattı," dedi.

Hasan'ın nesi ağrıyor?	Was tut Hasan weh?
Boğazı ağrıyor.	Ihm tut der Hals weh.
Hasan sabahları ne içiyor?	
Hasan kimden randevu aldı?	
Hasan çalar saati kaça ayarladı?	
Hasan saat kaçta kalktı?	
Niçin Hasan geç kalktı?	
Hasan duş aldı mı?	
Niçin duş almadı?	
Traş oldu mu?	
Çay içti mi?	
Hasan kaç dakikada doktora vardı?	
Hasan niçin ter kokuyordu?	
Hasan kaç dakika koştu?	
Hasan nasıl iyileşti?	

Übung 46 - Alıştırma 46

Örnekteki gibi soru cümlesi kurduktan sonra karşıtı ile olumsuz cevap verin!

Nachdem Sie wie im Beispiel einen Fragesatz gebildet haben, beantworten Sie verneinend!

Fatma/güzel	
Fatma güzel mi?	Ist Fatma schön?
Hayır, çirkin.	Nein, sie ist hässlich.
domatesler/pahalı	
Özkan/aptal	
Türkiye/küçük	
kalem/uzun	
çay/sıcak	
ekmek/taze	
adam/yaşlı	

Belçika/Asya	
ceket/yeni	
Cevdet/akıllı	
pencere/açık	
Atilla/sempatik	
film/iyi	
salata/tuzlu	
problem/zor	
Musa/bekâr	
adres/doğru	
çorba/lezzetli	

Übung 47 - Alıştırma 47

In welchem Land spricht welches Volk welche Sprache?
Hangi ülkede hangi ulus hangi dili konuşur?

Ülke	Ulus	Dil
Hollanda'da	Hollandalılar	Felemenkçe konuşur.
Honduras		
İngiltere		
Irak		
İran		
İrlanda		
İspanya		
İsrail		
İsveç		
İsviçre		
İtalya		
İzlanda		
Jamaika		
Japonya		
Kanada		
Katar		
Kıbrıs		
Kolombiya		
Kuzey Kore		
Küba		
Yemen		
Yeni Zelanda		
Yunanistan		

Übung 48 - Alıştırma 48

In welchem Land spricht welches Volk welche Sprache?
Hangi ülkede hangi ulus hangi dili konuşur?

Ülke	Ulus	Dil
Küveyt		
Libya		
Lübnan		
Lüksemburg		
Macaristan		
Malta		
Meksika		
Mısır		
Nikaragua		
Norveç		
Pakistan		
Panama		
Paraguay		
Peru		
Polonya		
Portekiz		
Romanya		
Rusya		
Suriye		
Sırbistan		
Suudi Arabistan		
Tunus		
Türkiye		
Uruguay		
Ürdün		
Venezuella		

Übung 49 - Alıştırma 49

Wie heißen die folgenden Lehnwörter auf Deutsch?
Aşağıdaki ödünç sözcüklerin Almanca'da adları nedir?

evolüsyon	die Evolution
Eyfel Kulesi	
fabrika	
faktör	
fakülte	
fatura	
faz	
federalizm	
federasyon	
feribot	
figür	
filarmoni	
Filistin	
filtre	
final	
finansman	
Finlandiya	
fizibilite	
fizik	
flört	
flüt	
formalite	

der Eiffelturm; der Bund/der Verband/die Föderation; die Fabrik; die Rechnung/die Faktura; die Phase; die Fähre; die Figur; der Faktor; die Philharmonie; der Filter; Palästina; das Finale; die Finanzierung; der Föderalismus; Finnland; die Machbarkeit; die Physik; die Fakultät; der Flirt; die Flöte; die Evolution; die Formalität

Übung 50 - Alıştırma 50

In welchem Land? - Hangi ülkede?

1. Berlin	Almanya'dadır.
2. Ankara	
3. Atina	
4. Bükreş	
5. Sofya	
6. Viyana	
7. Londra	
8. Paris	
9. Madrid	
10. Varşova	
11. Moskova	
12. Roma	
13. Lizbon	
14. Lahey	
15. Brüksel	
16. Kopenhag	
17. Bern	
18. Oslo	
19. Zagreb	
20. Budapeşte	
21. Vilnius	
22. Riga	
23. Tiran	
24. Talinn	
25. Lübliyana	
26. Tebriz	
27. Bratislava	
28. Bağdat	
29. Şam	

30. Lefkoşe	
31. Kahire	
32. Beyrut	
33. Yeni Delhi	
34. Tokyo	
35. Münih	
36. Napoli	
37. Venedik	
38. Milano	
39. Cenevre	
40. Marsilya	
41. Selanik	
42. Pekin	
43. Bavyera	
44. Kuzey Ren Vestfalya	
45. Kudüs	
46. İzmir	
47. Rabat	
48. Trablus	
49. Meksiko	
50. Üsküp	

Übung 51 - Alıştırma 51

Übersetzen Sie folgende Sätze ins Türkische!
Aşağıdaki cümleleri Türkçe'ye çevirin!

Auch ich lerne Türkisch.	Ben de Türkçe öğreniyorum.
Faruk trinkt Tee.	
Er möchte nach Hause gehen.	
Mir geht es sehr gut.	
Güldane sitzt am Tisch und liest Zeitung.	
Celal möchte Deutsch lernen.	
Er liest ein Buch.	
Ist Merve zu Hause?	
Wo steht das Telefon?	
Sind die Schüler in der Klasse?	
Wohin gehen sie?	
Ahmet und Veli spielen Fußball.	
Das ist sehr gut.	
Ist das Essen gut?	
Ich möchte in die Türkei fahren.	
Lernst du Türkisch?	
Er möchte rauchen.	
Möchtest du auch rauchen?	
Ich gehe nach Hause.	
Der Arzt geht ins Krankenhaus.	

Übung 52 - Alıştırma 52

Bilden Sie Fragesätze wie im Beispiel und beantworten Sie bejahend! Übersetzen Sie die Sätze ins Deutsche!
Örnekteki gibi soru cümleleri kurup olumlu cevap verin!
Cümleleri Almanca'ya çevirin!

tren/istasyon	
Tren istasyonda mı?	Ist der Zug am Bahnhof?
Evet, istasyonda.	Ja, er ist am Bahnhof.
para/banka	
çay/fincan	
gazete/masa	
öğrenciler/sınıf	
turistler/müze	
Almanlar/otel	
işçiler/fabrika	
Antalya/Türkiye	

film/sinema	
otobüs/durak	
kitap/sandalye	
adam/hastane	
mektup/posta	
fotoğraf/albüm	
manto/dolap	
lamba/masa	
kurs/okul	
çocuklar/park	

Übung 53 - Alıştırma 53

Wie heißen die folgenden Lehnwörter auf Deutsch?
Aşağıdaki ödünç sözcüklerin Almanca'da adları nedir?

antre	der Eingang
antrenör	
antrenman	
apostrof	
aroma	
asistan	
astronot	
atmosfer	
atölye	
avans	
avantaj	
averaj	
balo	
balon	
banka	
bankamatik	
banker	
banknot	
baraj	
barikat	

der Bankautomat; der Vorteil; der Trainer; das Atelier/die Werkstatt; der Eingang; das Training; das Aroma; der Astronaut; die Atmosphäre; der Vorschuss; der Durchschnitt/das Mittelwert; der Ballon; die Bank; der Ball; der Bankier; die Banknote; der Apostroph; der Asistent; der Staudamm; die Barrikade

Übung 54 - Alıştırma 54

Bilden Sie Sätze wie im Beispiel in der Gegenwart und der Vergangenheit.
Örnekteki gibi şimdiki zaman ve geçmiş zaman ile cümleler kurun!

Erdoğan'a gitmek	sen	Erdoğan'a gidiyorsun.
		Erdoğan'a gittin.
yemek yemek	onlar	
eve gitmek	biz	
gazete okumak	sen	
Türkçe öğrenmek	biz	
bira içmek	sen	
oturmak	ben	
kitap okumak	sen	
balkonda uyumak	o	
ders vermek	öğretmen	
Türkiye'ye gitmek	siz	

tivi izlemek	biz	
çay içmek	onlar	
futbol oynamak	biz	
derse gitmek	sen	
uyumak	çocuk	
çalışmak	sekreter	
balık yemek	kedi	
bahçede oturmak	misafirler	
alışveriş yapmak	annesi	
çocuklara bakmak	Hatice	
sinemaya gitmek	biz	
durakta beklemek	onlar	

Übung 55 - Alıştırma 55

Bilden Sie Sätze wie im Beispiel!
Örnekteki gibi cümleler kurun!

Araba ile geliyorum.	Arabayla geliyorum.
Kedi ile köpek gibiler.	
Otobüs ile geliyorum.	
Öğretmen ile geldi.	
Annem ile geliyorum.	
Tren ile geliyor.	
Bunlar, Hasan ile Sevgi.	
Futbol ile basketbol top sporudur.	
Defter ile kitap masada.	
Köpek ile çocuklar bahçede.	
Çantası ile bisiklete bindi.	
Teyzesi ile doktora gitti.	
Bisiklet ile okula gidiyor.	
Almanlar ile konuşuyor.	
Hasan ile Ali top oynuyor.	

Übung 56 - Alıştırma 56

Wie heißen die folgenden Lehnwörter auf Deutsch?
Aşağıdaki ödünç sözcüklerin Almanca'da adları nedir?

aktivite	die Aktivität
aksiyon	
aktif	
aktör	
aktris	
aktüel	
akustik	
akut	
akü	
aküpunktür	
akvarel	
akvaryum	
alarm	
albüm	
alerji	
alfabe	
alkol	
alternatif	
alüminyum	
amatör	

das Alphabet; die Akupunktur; die Aktion; der Akteur/der Schauspieler; aktuell; die Akustik; akut; der Akku/die Batterie; Atelier; das Aquarell; das Aluminium; der Amateur/die Amateurin; die Aktivität; das Aquarium; der Alarm; das Album; aktiv; die Schauspielerin; die Allergie; der Alkohol; die Alternative

Übung 57 - Alıştırma 57

Ergänzen Sie folgende Sätze! Aşağıdaki cümleleri tamamlayın!

Ahmet Türkiye'...... geliyor. Almanya'...... çalışıyor. Duisburg'...... oturuyor. Türkiye'...... dönmek istiyor. Hergün iş...... gidiyor. Saat altı...... ev...... çıkıyor. Ev...... dura(k)...... yürüyerek gidiyor. Durak...... on dakika bekliyor. Otobüs dura(k)...... geliyor. Ahmet otobüs...... biniyor. Otuz beş dakika sonra otobüs...... iniyor. Saat yedi...... iş...... varıyor. Sabah saat yedi...... akşam saat yedi...... kadar çalışıyor. Akşam saat yedi...... iş...... çıkıyor. Durak...... beş dakika bekliyor. Otobüs dura(k)...... geliyor. Ahmet otobüs...... biniyor. Otuz beş dakika sonra otobüs...... iniyor. Durak...... ev...... yürüyerek gidiyor.

Ev...... Ahmet çay yapıyor. Sonra Ali'...... telefon ediyor. Ali'...... gel diyor. Ali ev...... çıkıyor ve Ahmet'...... çay...... geliyor. Çay...... Ahmet ile Ali sohbet ediyorlar. Çay...... sonra Ali gidiyor. Ahmet de ev...... çıkıyor. Bir saat yürüdükten sonra ev...... dönüyor. Ev...... televizyon izliyor. Televizyon...... haberler...... izliyor. Haberler...... spiker Almanca konuşuyor. Haberler...... sonra bir film geliyor. Film...... de aktörler Almanca konuşuyorlar. Film...... sonra eğlence programı var. Programda herkes Almanca konuşuyor. Program...... sonra son haberler geliyor. Haberler...... sonra Ahmet uyuma...... gidiyor.

Übung 58 - Alıştırma 58

Wie heißen die folgenden Lehnwörter auf Deutsch?
Aşağıdaki ödünç sözcüklerin Almanca'da adları nedir?

ambalaj	die Verpackung
ambargo	
ambulans	
amortisör	
amper	
amplifikatör	
analiz	
anarşi	
anatomi	
anekdot	
anestezi	
angajman	
animasyon	
anjin	
anket	
anomali	
anonim	
anons	
anorak	
anot	
ansiklopedi	
Antarktika	

die Angina; das Embargo; das Ampere; die Analyse; die Anarchie; die Anatomie; die Anekdote; die Anästhesie; die Verpackung; die Umfrage; die Anomalie; anonym; das Engagement; die Ansage; der Anorak; die Anode; der Stoßdämpfer; der Verstärker; die Animation; die Enzyklopädie/das Lexikon; der Rettungswagen; die Antarktis

Übung 59 – Alıştırma 59

Ein bisschen Mathematik kann nicht schaden.
Biraz matematik zarar vermez.

Üç artı üç	altı	eder.
		Drei plus drei macht sechs.
İki eksi bir		eder.
Dört artı dört		eder.
On artı sekiz		eder.
Beş artı yedi		eder.
Sekiz eksi yedi		eder.
On dokuz eksi on		eder.
Doksan artı doksan		eder.
Yetmiş eksi iki		eder.
Altmış altı artı dört		eder.
On bir artı on bir		eder.
Doksan dokuz artı bir		eder.
Yirmi sekiz eksi sekiz		eder.

Übung 60 - Alıştırma 60

Ergänzen Sie folgende Sätze wie im Beispiel!
Aşağıdaki cümleleri örnekteki gibi tamamlayınız!

Bir kiloda	**bin**	gram var.
Bir santimetrede		milimetre var.
Bir dakikada		saniye var.
Bir tonda		kilo var.
Yarım kiloda		gram var.
Bir saatte		dakika var.
İki saatte		dakika var.
Yarım kilometrede		metre var.
Beş metrede		santimetre var.
On dakikada		saniye var.
Üç saatte		dakika var.
İki metrede		milimetre var.
Yedi kiloda		gram var.
Yarım santimetrede		milimetre var.
Bir buçuk saatte		dakika var.
Dört kiloda		gram var.
On santimetrede		milimetre var.
İki dakikada		saniye var.
Üç tonda		kilo var.
On kiloda		gram var.

Übung 61 - Alıştırma 61

Ergänzen Sie folgende Sätze wie im Beispiel!
Aşağıdaki cümleleri örnekteki gibi tamamlayınız!

Bir günde	**yirmi dört**	saat var.
Beş kilometrede		metre var.
Beş kiloda		gram var.
Yirmi saatte		dakika var.
On bir dakikada		saniye var.
Üç günde		saat var.
Dört kilometrede		metre var.
Yarım günde		saat var.
On metrede		milimetre var.
Üç buçuk saatte		dakika var.
Yüz kilometrede		metre var.
Yarım kilometrede		metre var.
Bir yılda		gün var.
Bir yılda		ay var.
Bir yılda		hafta var.
Bir haftada		gün var.
Üç haftada		gün var.
Bir yılda		mevsim var.
Üç yılda		ay var.
İki yılda		hafta var.
On haftada		gün var.

Übung 62 - Alıştırma 62

Wie heißen folgende Unterrichtsfächer auf Deutsch?

Aşağıdaki derslerin Almanca'da adları nedir?

coğrafya	
matematik	
fizik	
sosyoloji	
edebiyat	
felsefe	
din dersi	
spor	
kimya	
yabancı dil	
resim	
sanat dersi	
müzik dersi	
psikoloji	
tarih	
beden eğitimi	

das Malen; die Erdkunde; der Sport; die Philosophie; die Soziologie; die Religionslehre; die Chemie; die Fremdsprache; der Kunstunterricht; die Literatur; die Physik; der Musikunterricht; die Psychologie; die Geschichte; die Mathematik; die Leibesübungen

Übung 63 - Alıştırma 63

Die folgenden türkischen Sätze wurden mit einer deutschen Tastatur geschrieben. Finden Sie die Rechtschreibfehler und korrigieren Sie sie!
Aşağıdaki Türkçe cümleler Almanca klavye ile yazılmış. Yazım hatalarını bulup düzeltin!

1. Hasan bu aksam sinemaya gidecek.
2. Iyi aksamlar!
3. Alti kilo domates istiyorum.
4. Onu elli bes dakika bekledim.
5. Dogum günüm carsamba günü.
6. Almanca'yi cok iyi biliyor.
7. Cok iyi Almanca konusuyor.
8. Bes bardak cay icti.
9. Aksam yemegi saat altida.
10. Ekrem oturma odasinda uyuyor.
11. Herman Türkce ögreniyor.
12. Necat Ingiltere'de Ingilizce ögrendi.
13. Ali yirmi üc yasinda.
14. Nermin agustosta evlendi.
15. Otelde üc gün kaldilar.
16. Kahvaltida tost ekmegi var.
17. Balik lokantasina gittiler.
18. Gözlügünü kaybetti.
19. Seni otobüs duraginda bekliyorum.
20. Carsambadan sonra persembe gelir.

Übung 64 - Alıştırma 64

Ein bisschen Mathematik kann nicht schaden.
Biraz matematik zarar vermez.

Üç kere üç	**dokuz**	eder.
		Drei mal drei macht neun.
İki kere bir		eder.
Dört bölü dört		eder.
On kere sekiz		eder.
Beş kere yedi		eder.
Altı kere altı		eder.
On kere on		eder.
Bin bölü yüz		eder.
Altmış bölü altı		eder.
Yedi kere yedi		eder.
Sekiz kere sekiz		eder.
Yirmi bölü yirmi		eder.

Übung 65 - Alıştırma 65

Wie heißen die folgenden Lehnwörter auf Deutsch?
Aşağıdaki ödünç sözcüklerin Almanca'da adları nedir?

formül	die Formel
fotoğraf	
fotomontaj	
frekans	
futbol	
futbol federasyonu	
futbol maçı	
futbol stadı	
füzyon	
galeri	
garaj	
garanti	
gardiyan	
gastronomi	
gazete	
gaz lambası	
gaz pedalı	
grafik	
gramer	
grup terapisi	
hentbol	
Hindistan	

der Wächter/der Aufseher; die Zeitung; Indien; das Foto; die Frequenz; der Fußballverband; das Fußballstadium; die Garage; die Fusion; die Galerie; die Garantie; die Gastronomie; das Fußballspiel/das Fußballmatch; die Gaslampe; die Fotomontage; das Gaspedal; die Grafik; die Gruppentherapie; die Grammatik; der Handball; der Fußball; die Formel

Übung 66 - Alıştırma 66

Was haben Sie für einen Beruf? Bilden Sie Sätze! Übersetzen Sie sie ins Deutsche!
Mesleğiniz nedir? Cümle kurun! Almancaya çevirin!

avukat	Avukatım.	Ich bin Anwalt/Anwältin.
şoför		
öğretmen		
kuaför		
sekreter		
memur		
doçent		
hastabakıcı		
hemşire		
dönerci		
fotoğrafçı		
komisyoncu		
berber		
otelci		
bankacı		
ayakkabıcı		
saatçi		
satıcı		
pansiyoncu		
lokantacı		
balıkçı		
eskici		
sucu		

Übung 67 - Alıştırma 67

Folgende Verben sind in der dritten Person Singular yor-Präsenz angegeben. Setzen Sie sie in r-Präsenz!
Aşağıdaki fiiller üçüncü tekil kişi ve şimdiki zamanda yazılmış. Geniş zamana koyun!

1. konuşuyor	konuşur
2. gidiyor	
3. biliyor	
4. geliyor	
5. yiyor	
6. okuyor	
7. öğreniyor	
8. çalışıyor	
9. içiyor	
10. oynuyor	
11. oturuyor	
12. yapıyor	
13. istiyor	
14. biliyor	
15. seviyor	
16. yaşıyor	
17. görüyor	
18. yazıyor	
19. koşuyor	
20. dinliyor	

Übung 68 - Alıştırma 68

Bilden Sie Sätze mit dem Futur! – Gelecek zaman ile cümleler kurun!

ben - tiyatro	Tiyatroya gideceğim.
sen - okul	
o - öğretmen	
ben - kuaför	
biz - ev	
Hasan - tünel	
Lale - hastane	
onlar - doktor	
ablam - dişçi	
siz - dönerci	
o - fotoğrafçı	
biz - otobüs	
ben - berber	
turistler - otel	
banker - banka	
sen - ayakkabıcı	
biz - sinema	
satıcı - dükkan	
turist - pansiyon	
biz - lokanta	
teyzem - balıkçı	
onlar - müze	
biz - deniz	

Übung 69 - Alıştırma 69

Verneinen Sie die Sätze!
Cümlelere olumsuz cevap verin!

1. Fransızca konuşurum.	Fransızca konuşmam.
2. Okula gideriz.	
3. Yunanca bilirim.	
4. Futbol oynarlar.	
5. Bira içerim.	
6. Münih'te oturur.	
7. Otelde uyurum.	
8. Müzede çalışır.	
9. Kahvaltı eder.	
10. Yemek yeriz.	
11. Spor yaparız.	
12. Trenle gelir.	
13. Gazete okur.	
14. İtalyanca öğrenir.	
15. Bugün çalışırım.	
16. Bankaya gideriz.	
17. Denize giderler.	
18. Sigara içer.	
19. Gazete okur.	
20. Eve gitmek ister.	

Übung 70 - Alıştırma 70

Viele Vornamen haben eine Bedeutung auf Türkisch. Was bedeuten folgende Namen auf Deutsch?
Türkçe'de birçok adın anlamı vardır. Aşağıdaki adların Almanca'da anlamı nedir?

Deniz	das Meer
Işık	
Derya	
Ümit	
Melek	
Yeter	
Fatih	
Can	
Aysu	
Umut	
Arzu	
Sevgi	
Lale	
Dünya	
Gül	
Alev	
Armağan	
Ateş	
Çiçek	
Dilek	
Ayfer	
Yıldız	
Bahar	
Barış	

das Feuer; die Tulpe; die Rose; das Licht; der Engel; der Eroberer; die Seele; das Mondwasser; die Liebe; die Welt; die Flamme; das Geschenk; die Hoffnung; die Blume; der Wunsch; das Mondlicht; der Stern; der Wunsch; das Meer; der Frühling; genug

Übung 71 - Alıştırma 71

Finden Sie das Synonym! Übersetzen Sie ins Deutsche!
Eş anlamını bulun! Almancaya çevirin!

hayat	yaşam	das Leben
sene	yıl	das Jahr
şehir	kent	die Stadt
lokanta	restoran	das Restaurant
misafir	konuk	der Gast
ana	anne	die Mutter
siyah	kara	schwarz
hakikat	gerçek	die Wahrheit
ad	isim	der Name
aşk	sevgi	die Liebe
baş	kafa	der Kopf
defa	kere	das Mal
evvel	önce	vorher
gene	yine	wieder
hediye	armağan	das Geschenk
ihtiyar	yaşlı	alt
iktisat	ekonomi	die Wirtschaft
arzu	istek	der Wunsch
lâzım	gerek	nötig
meselâ	örneğin	zum Beispiel
neden	niçin	warum
pis	kirli	schmutzig
seyahat	yolculuk	die Reise

kirli; yine; örneğin; yıl; yaşam; kara; konuk; anne; gerçek; sevgi; restoran; kafa; kere; önce; armağan; kent; yaşlı; isim; ekonomi; istek; gerek; niçin; yolculuk

Übung 72 - Alıştırma 72

Beantworten Sie die Fragen nachdem Sie den Text gelesen haben! – Metni okuduktan sonra sorulara cevap verin!

Hasanlar tatilde İtalya'ya gittiler. Bir hafta Napoli'de bir pansiyonda kaldılar. Müzeleri ve kiliseleri gezdiler. Pompeyi ve Capri'ye gittiler. Bir hafta sonra bir otomobil kiralayıp Bari'ye gittiler. Orada bir pansiyonda iki hafta kaldılar. Hergün denize gidip uzun uzun yüzdüler. Hasan çok iyi yüzüyor ama kız kardeşi Leyla çok daha iyi yüzüyor. Her akşam başka bir lokantaya gidip nefis yemekler yediler. Leyla vejetaryen olduğu için etli yemekler yemiyor ama balık yiyor.

Hasanlar tatilde nereye gittiler?	
Napoli'de nerede kaldılar?	
Napoli'de kaç gün kaldılar?	
Napoli'de ne yaptılar?	
Napoli'de nereye gittiler?	
Napoli'den sonra nereye gittiler?	
Bari'de kaç hafta kaldılar?	
Bari'ye nasıl gittiler?	
Bari'de nerede kaldılar?	
Bari'de hergün ne yaptılar?	
Hasan iyi yüzüyor mu?	
Leyla iyi yüzüyor mu?	
Kim daha iyi yüzüyor?	
Leyla etli yemekler yiyor mu?	
Leyla niçin etli yemekler yemiyor?	

Übung 73 - Alıştırma 73

Wie heißen folgende Gegenstände auf Deutsch?
Aşağıdaki cisimlerin Almanca'da adları nedir?

yazı masası	der Schreibtisch
masa lambası	
yemek masası	
ayaklı lamba	
yatak odası	
oturma odası	
misafir odası	
çorba kaşığı	
çay kaşığı	
ekmek bıçağı	
çorba tabağı	
mutfak dolabı	
tabure	
masa ayağı	
peçete	
tuvalet	
vazo	
sandalye	
sigara tablası	
halı	
çalışma masası	
duvar lambası	

der Suppenteller; das Brotmesser; der Teppich; die Tischlampe; der Arbeitstisch; der Esstisch; das Schlafzimmer; das Wohnzimmer; der Schreibtisch; der Suppenlöffel; das Gästezimmer; die Stehlampe; der Teelöffel; der Küchenschrank; der Hocker; das Tischbein; die Serviette; die Toilette; die Vase; der Stuhl; der Aschenbecher; die Wandlampe

Übung 74 - Alıştırma 74

Wie heißen die folgenden Tiere auf Deutsch?
Aşağıdaki hayvanların Almanca'da adları nedir?

kedi	die Katze
köpek	
fare	
inek	
kuş	
at	
eşek	
keçi	
kuzu	
tavuk	
horoz	
ördek	
hindi	
dana	
domuz	
güvercin	
balık	
kaz	
kurt	
tilki	
koyun	

die Ziege; die Maus; der Hund; der Vogel; der Esel; das Lamm; die Henne; der Hahn; die Ente; das Kalb; die Taube; die Gans; die Kuh; das Schwein; der Fisch; der Wolf; der Fuchs; die Pute; das Pferd; das Schaf

Übung 75 - Alıştırma 75

Wie heißen die folgenden Grundnahrungsmittel auf Deutsch?
Aşağıdaki temel gıda maddelerinin Almanca'da adları nedir?

süt	die Milch
ekmek	
tereyağı	
zeytinyağı	
su	
peynir	
reçel	
pirinç	
patates	
mercimek	
buğday	
makarna	
fasulye	
üzüm	
balık	
et	
yoğurt	
bezelye	
domates	

das Wasser; die Kartoffel; der Weizen; die Milch; die Butter; das Olivenöl; der Käse; der Fisch; die Marmelade; der Reis; die Nudeln; die Bohnen; die Linse; die Weintraube; das Fleisch; die Erbse; der Jogurt; das Brot; die Tomate

Übung 76 - Alıştırma 76

Wie heißen folgende Metalle und Baustoffe auf Deutsch?
Aşağıdaki metal ve yapı maddelerinin Almanca'da adları nedir?

altın	Gold
gümüş	
kömür	
çelik	
çimento	
pirinç	
plastik	
tahta	
alüminyum	
kâğıt	
teneke	
bakır	
cam	
demir	
porselen	
saman	
mermer	
taş	

Stein; Glas; Messing; Gold; Kohle; Stahl; Kunststoff; Holz; Papier; Aluminium; Kupfer; Eisen; Blech; Porzellan; Heu; Marmor; Silber

Übung 77 - Alıştırma 77

Wie heißen folgende Gefühle auf Deutsch?
Aşağıdaki duyguların Almanca'da adları nedir?

aşk	
antipati	
kuşku	
şüphe	
huzursuzluk	
nefret	
sevgi	
iştah	
sempati	
arzu	
istek	
isteksizlik	
heves	
açlık	
korku	
panik	
heyecan	
üzüntü	
sevinç	
hasret	
iştahsızlık	
tutku	

der Hunger; die Abneigung; die Leidenschaft/die Passion; die Trauer/die Kummer; der Verdacht/der Zweifel; die Unruhe; der Hass; der Appetit; die Sympathie/die Zuneigung; die Angst; der Wunsch/das Verlangen; die Liebe; die Unlust/die Lustlosigkeit; die Lust; die Panik; die Aufregung; die Freude; die Skepsis; die Sehnsucht; die Appetitlosigkeit

Übung 78 - Alıştırma 78

Wie heißt das Gegenwort? Wie heißt das auf Deutsch?
Karşıt anlamı ne? Almancası ne?

	Deutsch offen/auf	kapalı	Deutsch geschlossen/zu
açık	offen/auf	kapalı	geschlossen/zu
ağır			
alt			
aptal			
arka			
almak			
az			
boş			
büyük			
doğru			
kapalı			
beyaz			
büyük			
çalışkan			
çirkin			
dar			
dışarı			
eksi			
erken			
fakir			
gece			
geri			
iyi			
pahalı			
temiz			

vermek; hafif ; zeki; çok; dolu; küçük; yanlış; güzel; içeri; artı; geç; kirli/pis; zengin; geniş; üst; kapalı; tembel; gündüz; ileri; kötü; ucuz; açık; ön; siyah

Übung 79 - Alıştırma 79

Wie heißen die folgenden Sätze auf Deutsch?
Aşağıdaki cümleler Almanca'da ne demek?

Aşk hayatına son verdi.	Er/Sie/Es beendete sein/ihr/sein Liebesleben.
Çok antipatik bir insan.	
Bugün çok huzursuzum.	
İştahım açıldı.	
Açlıktan ölüyorum.	
Bomba yüzünden panik oldu.	
Futbol benim tek tutkum.	
Bugün iştahım yok.	
Ali okulda çalışkan bir öğrenciydi.	
Otelde az turist var.	
Bugün erken kalktım.	
Bugün hiç hevesim yok.	
Örümcekten çok korkarım.	
Bugün dışarı çıkmadım.	
Bugün işe gitmedim.	
Bugün okul yok.	
Bu ne büyük sürpriz.	
Bu kapı kapalı, o açık.	
Hasan otobüse binmedi.	
Ali her hafta tenis oynar.	
Hastayım.	
Geçmiş olsun!	

Übung 80 - Alıştırma 80

Setzen Sie die fehlenden Endungen ein!
Eksik olan ekleri ekleyin!

1.	Almanya'... başkent... Berlin.
2.	Benim Karn... aç.
3.	Hasan'... anne... bugün biz... gelecek.
4.	Tatil... Türkiye'... gideceğiz.
5.	Dün Türkiye'... döndük.
6.	Park... çocuklar top oynuyor.
7.	Öğrenciler okul... gidiyor.
8.	Ayşe'... heves... yok.
9.	Yarın siz... çay... bekleriz.
10.	Saat 8'... kadar bekledi.
11.	Masa... üstü... bir vazo var.
12.	Nere... gitti?
13.	Nere... geldi?
14.	Nere... kaldı?
15.	Kirli tabaklar bulaşık makinesi...
16.	İki... sonra üç gelir.
17.	Hasan ben... kardeş... .
18.	Bu pasaport kim... ?
19.	Lütfen, ben... dinleyin.
20.	Lütfen, bura... gelin.
21.	Uçak Frankfurt'... indi.
22.	Dönerci... döner aldım.
23.	Otomat... para çektim.
24.	Benzinci... benzin aldım.
25.	O otobüs bu durak... durmuyor.

Lösungen

Übung 1 - Alıştırma 1

su	das Wasser
okul	die Schule
tren	der Zug
pasta	der Kuchen
yatak	das Bett
yemek	das Essen
sinema	das Kino
hastane	das Krankenhaus
uçak	das Flugzeug
benzin istasyonu	die Tankstelle
hafta	die Woche
para	das Geld
trafik lambası	die Verkehrsampel
cep telefonu	das Handy
şehir	die Stadt
asansör	der Aufzug
masa	der Tisch
lokanta	das Restaurant
meze	die Vorspeise
balık	der Fisch
müze	das Museum
deniz	das Meer
arkadaş	der Freund/die Freundin

Übung 2 - Alıştırma 2

Hasan ist an der Tür.	Hasan kapıda.
Hasan ist bei Ayşe.	Hasan Ayşe'de.
Hasan ist in der Garage.	Hasan garajda.
Hasan ist zuhause.	Hasan evde.

Hasan ist auf der Post.	Hasan postanede.
Hasan ist in München.	Hasan Münih'te.
Hasan ist im Zug.	Hasan trende.
Hasan ist auf dem Schiff.	Hasan gemide.
Hasan ist in der Türkei.	Hasan Türkiye'de.
Hasan ist Einkaufen.	Hasan alışverişte.
Hasan ist im Krankenhaus.	Hasan hastanede.
Hasan ist im Büro.	Hasan büroda.
Hasan ist am Telefon.	Hasan telefonda.
Hasan ist im Kino.	Hasan sinemada.
Hasan ist im Park.	Hasan parkta.
Hasan ist in der Schule.	Hasan okulda.
Hasan ist in Bochum.	Hasan Bochum'da.
Hasan ist im Hotel.	Hasan otelde.
Hasan ist im Zimmer.	Hasan odada.
Hasan ist im Bett.	Hasan yatakta.
Hasan ist im Theater.	Hasan tiyatroda.
Hasan ist im Museum	Hasan müzede.
Hasan ist hier.	Hasan burada.

Übung 3 - Alıştırma 3

Ayşe – oda	
Ayşe odada mı?	Ist Ayşe im Zimmer?
Hasan - kapı	
Hasan kapıda mı?	Ist Hasan an der Tür?
Emine – otobüs	
Emine otobüste mi?	Ist Emine im Bus?
Sevgi – banka	
Sevgi bankada mı?	Ist Sevgi in der Bank?
Deniz – okul	
Deniz okulda mı?	Ist Deniz in der Schule?

Selvinaz – ev	
Selvinaz evde mi?	Ist Selvinaz zuhause?
Yılmaz – üniversite	
Yılmaz üniversitede mi?	Ist Yilmaz in der Uni?
Mehmet - sinema	
Mehmet sinemada mı?	Ist Mehmet im Kino?
Ahmet – lokanta	
Ahmet lokantada mı?	Ist Ahmet im Kino?
Hüseyin – araba	
Hüseyin arabada mı?	Ist Hüseyin im Wagen?
Ali – tiyatro	
Ali tiyatroda mı?	Ist Ali im Theater?
Ülkü – diskotek	
Ülkü diskotekte mi?	Ist Ülkü in der Disco?
Cevdet – polis	
Cevdet poliste mi?	Ist Cevdet bei der Polizei?
Şükrü – müze	
Şükrü müzede mi?	Ist Sükrü im Museum?
Engin – kurs	
Engin kursta mı?	Ist Engin im Kurs?
Selma – ders	
Selma derste mi?	Ist Selma im Unterricht?
Yasemin – hastane	
Yasemin hastanede mi?	Ist Yasemin im Krankenhaus?
Sibel – konser	
Sibel konserde mi?	Ist Sibel im Konzert?
Filiz – doktor	
Filiz doktorda mı?	Ist Filiz beim Arzt?
Songül – tuvalet	
Songül tuvalette mi?	Ist Songül auf der Toilette?
öğrenciler – okul	
Öğrenciler okulda mı?	Sind die Schüler in der Schule?
otobüs – durak	

Otobüs durakta mı?	Ist der Bus an der Haltestelle?
çocuklar – park	
Çocuklar parkta mı?	Sind die Kinder im Park?
köpek – bahçe	
Köpek bahçede mi?	Ist der Hund im Garten?
ağaçlar – orman	
Ağaçlar ormanda mi?	Sind die Bäume im Wald?
balıklar – akvaryum	
Balıklar akvaryumda mı?	Sind die Fische im Aquarium?
milyonerler – kulüp	
Milyonerler kulüpte mi?	Sind die Millionäre im Club?

Übung 4 - Alıştırma 4

Der Tisch ist im Zimmer.	Masa odada.
Der Wagen ist in der Garage.	Araba garajda.
Der Lehrer ist in der Klasse.	Öğretmen sınıfta.
Die Musik ist im Radio.	Müzik radyoda.
Die Schule ist in der Stadt.	Okul şehirde.
Der Bus steht an der Haltestelle.	Otobüs durakta.
Der Kurs ist in der Schule.	Kurs okulda.
Der Kapitän ist auf dem Schiff.	Kaptan gemide.
Der Anwalt ist im Gericht.	Avukat mahkemede.
Die Schülerin ist in der Klasse.	Öğrenci sınıfta.
Das Schiff ist im Hafen.	Gemi limanda.
Das Geld ist auf der Bank.	Para bankada.
Das Taxi steht an der Haltestelle.	Taksi durakta.
Das Buch ist auf dem Tisch.	Kitap masada.
Das Hotel ist in der Stadt.	Otel şehirde.
Renan ist auf der Arbeit.	Renan işte.
Süreyya ist beim Essen.	Süreyya yemekte.
Selma ist im Unterricht.	Selma derste.

Der Unterricht ist in der Schule.	Ders okulda.
Das Konzert ist im Saal.	Konser salonda.
Das Essen ist auf dem Tisch.	Yemek masada.
Die Kinder sind im Garten.	Çocuklar bahçede.

Übung 5 - Alıştırma 5

ev	Evden geliyor.
berber	Berberden geliyor.
öğretmen	Öğretmenden geliyor.
kuaför	Kuaförden geliyor.
cami	Camiden geliyor.
tünel	Tünelden geliyor.
hastane	Hastaneden geliyor.
doktor	Doktordan geliyor.
üniversite	Üniversiteden geliyor.
dönerci	Dönerciden geliyor.
fotoğrafçı	Fotoğrafçıdan geliyor.
otobüs	Otobüsten geliyor.
sinema	Sinemadan geliyor.
otel	Otelden geliyor.
banka	Bankadan geliyor.
ayakkabıcı	Ayakkabıcıdan geliyor.
konser	Konserden geliyor.
alışveriş	Alışverişten geliyor.
pansiyon	Pansiyondan geliyor.
lokanta	Lokantadan geliyor.
balıkçı	Balıkçıdan geliyor.
müze	Müzeden geliyor.
deniz	Denizden geliyor.

Übung 6 - Alıştırma 6

lamba	Lambayı görüyorum.
şoför	Şoförü görüyorum.
öğretmen	Öğretmeni görüyorum.
kuaför	Kuaförü görüyorum.
sekreter	Sekreteri görüyorum.
tünel	Tüneli görüyorum.
hastane	Hastaneyi görüyorum.
hastabakıcı	Hastabakıcıyı görüyorum.
hemşire	Hemşireyi görüyorum
dönerci	Dönerciyi görüyorum.
fotoğrafçı	Fotoğrafçıyı görüyorum.
otobüs	Otobüsü görüyorum.
berber	Berberi görüyorum.
otel	Oteli görüyorum.
banka	Bankayı görüyorum.
ayakkabıcı	Ayakkabıcıyı görüyorum.
saat	Saati görüyorum.
satıcı	Satıcıyı görüyorum.
pansiyon	Pansiyonu görüyorum.
lokanta	Lokantayı görüyorum.
balıkçı	Balıkçıyı görüyorum.
müze	Müzeyi görüyorum.
su	Suyu görüyorum.

Übung 7 - Alıştırma 7

Fatma/Hasan/oda	
Fatma'yla Hasan neredeler?	*Wo sind Fatma und Hasan?*
Odadalar.	*Sie sind im Zimmer.*
Ayşe/Emine/kapı	
Ayşe'yle Emine neredeler?	*Wo sind Ayşe und Emine?*

Kapıdalar.	*Sie sind an der Tür.*
Sevgi/Deniz/otobüs	
Sevgi'yle Deniz neredeler?	*Wo sind Sevgi und Deniz?*
Otobüsteler.	*Sie sind im Bus.*
Selçuk/Faruk/banka	
Selçuk'la Faruk neredeler?	*Wo sind Selçuk und Faruk?*
Bankadalar.	*Sie sind in der Bank.*
Ahmet/Hüseyin/lokanta	
Ahmet'le Hüseyin neredeler?	*Wo sind Ahmet und Hüseyin?*
Lokantadalar.	*Sie sind im Restaurant.*
Gizem/Yunus/hastane	
Gizem'le Yunus neredeler?	*Wo sind Gizem und Yunus?*
Hastanedeler.	*Sie sind im Krankenhaus.*
Melisa/Aylin/postane	
Melisa'yla Aylin neredeler?	*Wo sind Melisa und Aylin?*
Postanedeler.	*Sie sind auf der Post.*
Yavuz/Özden/pastane	
Yavuz'la Özden neredeler?	*Wo sind Yavuz und Özden?*
Pastanedeler.	*Sind sind in der Konditorei.*
Yasemin/Nergiz/durak	
Yasemin'le Nergiz neredeler?	*Wo sind Yasemin und Nergiz?*
Duraktalar.	*Sie sind an der Haltestelle.*
Veli/Metin/polis	
Veli'yle Metin neredeler?	*Wo sind Veli und Metin?*
Polisteler.	*Sie sind bei der Polizei.*
Sedat/Engin/konser	
Sedat'la Engin neredeler?	*Wo sind Sedat und Engin?*
Konserdeler.	*Sie sind im Konzert.*
Cengiz/Meral/müze	
Cengiz'le Meral neredeler?	*Wo sind Cengiz und Meral?*
Müzedeler.	*Sie sind im Museum.*

Hatice/Sevgi/kurs	
Hatice'yle Sevgi neredeler?	*Wo sind Hatice und Sevgi.*
Kurstalar.	*Sie sind im Kurs.*
Necat/Cevdet/futbol	
Necat'la Cevdet neredeler?	*Wo sind Necat und Cevdet?*
Futboldalar.	*Sie sind beim Fußball.*
Turhan/Nermin/ev	
Turhan'la Nermin neredeler?	*Wo sind Turhan und Nermin?*
Evdeler.	*Sie sind zuhause.*
Hülya/Enes/sinema	
Hülya'yla Enes neredeler?	*Wo sind Hülya und Enes?*
Sinemadalar.	*Sie sind im Kino.*
Müzeyyen/Dilek/Paris	
Müzeyyen'le Dilek neredeler?	*Wo sind Müzeyyen und Dilek?*
Paris'teler.	*Sie sind in Paris.*
Lale/Sevda/yemek	
Lale'yle Sevda neredeler?	*Wo sind Lale und Sevda?*
Yemekteler.	*Sie sind beim Essen.*
Abdullah/Nejat/hamam	
Abdullah'la Nejat neredeler?	*Wo sind Abdullah und Nejat?*
Hamamdalar.	*Sie sind im Bad.*

Übung 8 - Alıştırma 8

avukat	der Rechtsanwalt
bakteri	die Bakterie
bale	das Ballett
Balkanlar	der Balkan
balo	der Ball
balon	der Ballon

balo salonu	der Ballsaal
banço	das Banjo
bandaj	die Bandage
bando	die Kapelle/die Blaskapelle
banka	die Bank
banka kod numarası	die Bankleitzahl
banka kredisi	der Bankkredit
bankamatik	der Bankautomat
banka transferi	die Banküberweisung
banker	der Banker
banknot	die Banknote
baraj	der Staudamm/die Talsperre
baraka	die Baracke
barkod	der Barcode
barmen	der Barkeeper
basgitar	die Bassgitarre

Übung 9 - Alıştırma 9

Veli/mektup yazmak	
Veli mektup yazıyor.	*Veli schreibt einen Brief.*
Veli mektup yazmıyor.	*Veli schreibt keinen Brief.*
Fatma/ limonata içmek	
Fatma limonata içiyor.	*Fatma trinkt Limonade.*
Fatma limonata içmiyor.	*Fatma trinkt keine Limonade.*
Ayşe/eve gitmek	
Ayşe eve gidiyor.	*Ayşe geht nach Hause.*
Ayşe eve gitmiyor.	*Ayşe geht nicht nach Hause.*
Sevgi/Almanya'da oturmak	
Sevgi Almanya'da oturuyor.	*Sevgi wohnt in Deutschland.*
Sevgi Almanya'da	*Sevgi wohnt nicht in*

oturmuyor.	Deutschland.
Ülkü/ restoranda çalışmak	
Ülkü restoranda çalışıyor.	Ülkü arbeitet im Restaurant.
Ülkü restoranda çalışmıyor.	Ülkü arbeitet nicht im Restaurant.
Hüseyin/ gazete okumak	
Hüseyin gazete okuyor.	Hüseyin liest Zeitung.
Hüseyin gazete okumuyor.	Hüseyin liest keine Zeitung.
Nuran/sigara içmek	
Nuran sigara içiyor.	Nuran raucht.
Nuran sigara içmiyor.	Nuran raucht nicht.
Dilanur/yemek yemek	
Dilanur yemek yiyor.	Dilanur isst.
Dilanur yemek yemiyor.	Dilanur isst nicht.
Filiz/çay içmek	
Filiz çay içiyor.	Filiz trinkt Tee.
Filiz çay içmiyor.	Filiz trinkt keinen Tee.
Ayşen/Almanca öğrenmek	
Ayşen Almanca öğreniyor.	Ayşen lernt Deutsch.
Ayşen Almanca öğrenmiyor.	Ayşen lernt kein Deutsch.
Vecdet /futbol oynamak	
Vecdet futbol oynuyor.	Vecdet spielt Fußball.
Vecdet futbol oynamıyor.	Vecdet spielt keinen Fußball.
Nevin/ ders çalışmak	
Nevin ders çalışıyor.	Nevin lernt (für die Schule).
Nevin ders çalışmıyor.	Nevin lernt nicht.
Emine/doktora gitmek	
Emine doktora gidiyor.	Emine geht zum Arzt.
Emine doktora gitmiyor.	Emine geht nicht zum Arzt.
Hayri/çikolata yemek	
Hayri çikolata yiyor.	Hayri isst Schokolade.
Hayri çikolata yemiyor.	Hayri isst keine Schokolade.

Şükrü/ voleybol oynamak	
Şükrü voleybol oynuyor.	*Şükrü spielt Vollleyball.*
Şükrü voleybol oynamıyor.	*Şükrü spielt kein Volleyball.*
Emin/kitap okumak	
Emin kitap okuyor.	*Emin liest ein Buch.*
Emin kitap okumuyor.	*Emin liest kein Buch.*
Turhan/ İngilizce konuşmak	
Turhan İngilizce konuşuyor.	*Turhan spricht Englisch.*
Turhan İngilizce konuşmuyor.	*Turhan spricht kein Englisch.*
Songül /sinemaya gitmek	
Songül sinemaya gidiyor.	*Songül geht ins Kino.*
Songül sinemaya gitmiyor.	*Songül geht nicht ins Kino.*

Übung 10 - Alıştırma 10

Alis Hose ist aus Wolle.	Ali'nin pantolonu yünden.
Petras Kleid ist aus Perlon.	Petra'nın elbisesi perlondan.
Die Schuhe sind aus Leder.	Ayakkabılar deriden.
Die Tür ist aus Eisen.	Kapı demirden.
Der Kamm ist aus Kunststoff.	Tarak plastikten.
Die Handschuhe sind aus Kunststoff.	Eldiven plastıkten.
Der Ring seiner Mutter ist aus Gold.	Annesının yüzüğü altından.
Die Vase ist aus Glas.	Vayo camdan.
Der Pulli ist aus Baumwolle.	Kazak yünden.
Sein Hemd ist aus der Türkei.	Gömleği Türkiye'den.
Der Boden ist aus Stein.	Yer taştan.

Das Buch ist aus der Bibliothek.	Kitap kütüphaneden.
Seine Freundin ist aus Paris.	Kız arkadaşı Paris'ten.
Der Kelim ist aus Baumwolle.	Kilim pamuktan.
Die Krawatte ist aus Seide.	Kravat ipekten.
Die Nachricht ist aus der Zeitung.	Haber gazeteden.
Das Geld ist von mir.	Para benden.
Der Gruß ist von Merve.	Selam Merve'den.
Die Brücke ist aus Stahl.	Köprü çelikten.
Die Zeitung ist aus Papier.	Gazete kâğıttan.

Übung 11 - Alıştırma 11

Ayşe – Türkçe konuşmak	
Ayşe Türkçe konuşuyor mu?	*Spricht Ayşe Türkisch?*
Evet, Türkçe konuşuyor.	*Ja, sie spricht Türkisch.*
Hayır, Türkçe konuşmuyor.	*Nein, sie spricht kein Türkisch.*
Veli – mektup yazmak	
Veli mektup yazıyor mu?	*Schreibt Veli einen Brief?*
Evet, mektup yazıyor.	*Ja, er schreibt einen Brief.*
Hayır, mektup yazmıyor.	*Nein, erschreibt keinen Brief.*
Ayşe – eve gitmek	
Ayşe eve gidiyor mu?.	*Geht Ayşe nach Hause?*
Evet, eve gidiyor.	*Ja, sie geht nach Hause.*
Hayır, eve gitmiyor.	*Nein, sie geht nicht nach Hause.*
Sevgi – Almanya'da oturmak	
Sevgi Almanya'da oturuyor mu?	*Wohnt Sevgi in Deutschland?*
Evet, Almanya'da oturuyor.	*Ja, sie wohnt in Deutschland.*

Hayır, Almanya'da oturmuyor.	*Nein, sie wohnt nicht in Deutschland.*
Ülkü – restoranda çalışmak	
Ülkü restoranda çalışıyor mu?	*Arbeitet Ülkü im Restaurant?*
Evet, restoranda çalışıyor.	*Ja, er arbeitet im Restaurant.*
Hayır, restoranda çalışmıyor.	*Nein, er arbeitet nicht im Restaurant.*
Hüseyin – gazete okumak	
Hüseyin gazete okuyor mu?	*Liest Hüseyin Zeitung?*
Evet, gazete okuyor.	*Ja, er liest Zeitung.*
Hayır, gazete okumuyor.	*Nein, er liest keine Zeitung.*
Nuran – sigara içmek	
Nuran sigara içiyor mu?	*Raucht Nuran?*
Evet, sigara içiyor.	*Ja, sie raucht.*
Hayır, sigara içmiyor.	*Nein, sie raucht nicht.*
Erdoğan – yemek yemek	
Erdoğan yemek yiyor mu?	*Isst Erdoğan?*
Evet, yiyor.	*Ja, er isst.*
Hayır, yemiyor.	*Nein, er isst nicht.*
Filiz – çay içmek	
Filiz çay içiyor mu?	*Trinkt Filiz Tee?*
Evet, çay içiyor.	*Ja, sie trinkt Tee.*
Hayır, çay içmiyor.	*Nein, sie trinkt keinen Tee.*
Ayşen – Almanca öğrenmek	
Ayşen Almanca öğreniyor mu?	*Lernt Ayşen Deutsch?*
Evet, öğreniyor.	*Ja, sie lernt Deutsch.*
Hayır, öğrenmiyor.	*Nein, sie lernt kein Deutsch.*
Vecdet – futbol oynamak	
Vecdet futbol oynuyor mu?	*Spielt Vecdet Fußball?*
Evet, futbol oynuyor.	*Ja, er spielt Fußball.*
Hayır, futbol oynamıyor.	*Nein, er spielt kein Fußball.*
Nevin – ders çalışmak	
Nevin ders çalışıyor mu?	*Lernt Nevin (für die Schule)?*

Evet, ders çalışıyor.	Ja, sie lernt.
Hayır, ders çalışmıyor.	Nein, sie lernt nicht.
Emine – doktora gitmek	
Emine doktora gidiyor mu?	Geht Emine zum Arzt?
Evet, doktora gidiyor.	Ja, sie geht zum Arzt.
Hayır, doktora gitmiyor.	Nein, sie geht nicht zum Arzt.
Hayri – çikolata yemek	
Hayri çikolata yiyor mu?	Isst Hayri Schokolade?
Evet, çikolata yiyor.	Ja, er isst Schokolade.
Hayır, çikolata yemiyor.	Nein, er isst keine Schokolade.

Übung 12 - Alıştırma 12

artistik patinaj	der Eiskunstlauf
arya	die Arie
asansör	der Aufzug/der Fahrstuhl
asfalt	der Asphalt
asit	die Säure
astım	das Asthma
astrofizik	die Astrophysik
astroloji	die Astrologie
astronomi	die Astronomie
Asya	Asien
Atina	Athen
atipik	atypisch
atletizm	die Leichtathletik
atmosfer	die Atmosphäre
atom	das Atom
atom santrali	das Atomkraftwerk
atölye	das Atelier/die Werkstatt
atraksiyon	die Attraktion/die Glanznummer

avans	der Vorschuss
avantaj	der Vorteil
avro	der Euro
Avrupa	das Europa

Übung 13 - Alıştırma 13

Erol/ben – Türkçe öğrenmek	
Erol mu Türkçe öğreniyor?	*Lernt Erol Türkisch?*
Hayır, ben Türkçe öğreniyorum.	*Nein, ich lerne Türkisch.*
Ülkü/Necla – mektup yazmak	
Ülkü mü mektup yazıyor?	*Schreibt Ülkü einen Brief?*
Hayır, Necla mektup yazıyor.	*Nein, Necla schreibt einen Brief.*
Ahmet/o – yemek yemek	
Ahmet mi yemek yiyor?	*Isst Ahmet?*
Hayır, o yemek yiyor.	*Nein, er/sie/es isst.*
Ayşe/onlar – eve gitmek	
Ayşe mi eve gidiyor?	*Geht Ayşe nach Hause?*
Hayır, onlar eve gidiyor.	*Nein, sie gehen nach Hause.*
Celal/biz – İtalyanca öğrenmek	
Celal mı İtalyanca öğreniyor?	*Lernt Celal Italienisch?*
Hayır, biz İtalyanca öğreniyoruz.	*Nein, wir lernen Italienisch.*
Mustafa/sen – okula gitmek	
Mustafa mı okula gidiyor?	*Geht Mustafa zur Schule?*
Hayır, sen okula gidiyorsun.	*Nein, du gehst zur Schule.*
Nuran/o – futbol oynamak	
Nuran mı futbol oynuyor?	*Spielt Nuran Fußball?*

Hayır, o futbol oynuyor.	Nein, er/sie/es spielt Fußball.
Ela/annem – doktora gitmek	
Ela mı doktora gidiyor?	Geht Ela zum Arzt?
Hayır, annem doktora gidiyor.	Nein, meine Mutter geht zum Arzt.
Nevin/baban – sigara içmek	
Nevin mi sigara içiyor.	Raucht Nevin?
Hayır, baban sigara içiyor.	Nein, dein Vater raucht.
Veli/siz – Türkçe konuşmak	
Veli mi Türkçe konuşuyor?	Spricht Veli Türkisch?
Hayır, siz Türkçe konuşuyorsunuz.	Nein, Ihr sprecht Türkisch. Nein, Sie sprechen Türkisch.
Hayri/çocuk – çikolata yemek	
Hayri mi çikolata yiyor?	Isst Hayri Schokolade?
Hayır, çocuk çikolata yiyor.	Nein, das Kind isst Schokolade.
öğretmen/müdür – oturmak	
Öğretmen mi oturuyor?	Sitzt der Lehrer?
Hayır, müdür oturuyor.	Nein, der Direktor sitzt.
Filiz/ben – kitap okumak	
Filiz mi kitap okuyor?	Liest Filiz ein Buch?
Hayır, ben kitap okuyorum.	Nein, ich lese ein Buch.
Vedat/biz – Türkiye'ye gitmek	
Vedat mı Türkiye'ye gidiyor?	Fährt/Fliegt Vedat in die Türkei?
Hayır, biz Türkiye'ye gidiyoruz.	Nein, wir fahren/fliegen in die Türkei.
Faruk/misafirler – çay içmek	
Faruk mu çay içiyor?	Trinkt Faruk Tee?
Hayır, misafirler çay içiyor.	Nein, die Gäste trinken Tee.
Güldane/annesi – gazete	

okumak	
Güldane mi gazete okuyor?	Liest Güldane Zeitung?
Hayır, annesi gazete okuyor.	Nein, ihre Mutter liest Zeitung.
Fasıl/Vecdet – çok çalışmak	
Fasıl mı çok çalışıyor?	Arbeitet Fasil viel?
Hayır, Vecdet çok çalışıyor.	Nein, Vecdet arbeitet viel.
Nursen/abim – tenis oynamak	
Nursen mi tenis oynuyor?	Spielt Nursen Tennis?
Hayır, abim tenis oynuyor.	Nein, mein älterer Bruder spielt Tennis.
Bilge/ablası – Almanya'da oturmak	
Bilge mi Almanya'da oturuyor?	Wohnt Bilge in Deutschland?
Hayır, ablası Almanya'da oturuyor.	Nein, ihre ältere Schwester wohnt in Deutschland.
Şükrü/Gizem - İngilizce konuşmak	
Şükrü mü İngilizce konuşuyor?	Spricht Şükrü Englisch?
Hayır, Gizem İngilizce konuşuyor.	Nein, Gizem spricht Englisch.
Sinem/biz – bankaya gitmek	Geht Sinem zur Bank?
Sinem mi bankaya gidiyor?	Nein, wir gehen zur Bank.
Hayır, biz bankaya gidiyoruz.	
Hasan/ben – bu romanı okumak	
Hasan mı bu romanı okuyor?	Liest Hasan diesen Roman?
Hayır, ben bu romanı okuyorum.	Nein, ich lese diesen Roman.
Ayşegül/babası – o	

fabrikada çalışmak	
Ayşegül mü o fabrikada çalışıyor?	Arbeitet Ayşegül in der Fabrik?
Hayır, babası o fabrikada çalışıyor.	Nein, ihr Vater arbeitet in der Fabrik.
bizim öğretmenimiz/Ayşe'nin annesi – bu sokakta oturmak	
Bizim öğretmenimiz mi bu sokakta oturuyor?	Wohnt unser Lehrer/unsere Lehrerin in dieser Straße?
Hayır, Ayşe'nin annesi bu sokakta oturuyor.	Nein, Ayses Mutter wohnt in dieser Straße.

Übung 14 - Alıştırma 14

basil	der Bazillus
basketbol	der Basketball
bastiyon	die Bastion/die Hochburg
bateri	das Schlagzeug
baterist	der Schlagzeuger
Bavyera	Bayern
baz	die Basis/die Grundlage
bazilika	die Basilika
bebek	das Baby/die Puppe
benzin	das Benzin
benzin deposu	der Benzintank
benzin istasyonu	die Tankstelle
berber	der Barbier/der Friseur
berber salonu	der Friseursalon
beton	der Beton
bilanço	die Bilanz

bilardo	das Billard
biogaz	das Biogas
bira	das Bier
bira fabrikası	die Brauerei
bisiklet	das Fahrrad
biyografi	die Biografie

Übung 15 - Alıştırma 15

adam – Türk	
Bu adam Türk müdür?	Evet, Türktür.
Ist dieser Mann Türke?	Ja, er ist Türke.
kitap – Almanca	
Bu kitap Almanca mıdır?	Evet, Almancadır.
Ist dieses Buch auf Deutsch?	Ja, es ist auf Deutsch.
televizyon – portatif	
Bu televizyon potatif midir?	Evet, potatiftir.
Ist dieser Fernseher tragbar?	Ja, er ist tragbar.
araba – Ford	
Bu araba Ford mudur?	Evet, Ford'dur.
Ist dieser Wagen ein Ford?	Ja, er ist ein Ford.
gazete – Fransızca	
Bu gazete Fransızca mıdır?	Evet, Fransızca'dır.
Ist diese Zeitung auf Französisch?	Ja, sie ist auf Französisch.
roman – enteresan	
Bu roman enteresan mıdır?	Evet, enteresandır.
Ist dieser Roman interessant?	Ja, er ist interessant.
çay – şekerli	

Bu çay şekerli midir?	Evet, şekerlidir.
Ist dieser Tee mit Zucker?	Ja, er ist mit Zucker.
kahve – sade	
Bu kahve sade midir?	Evet, sadedir.
Ist dieser Kaffee schwarz?	Ja, er ist schwarz.
adam – hasta	
Bu adam hasta mıdır?	Evet, hastadır.
Ist dieser Mann krank?	Ja, er ist krank.
pasta – kremalı	
Bu pasta kremalı mıdır?	Evet, kremalıdır.
Ist dieser Kuchen mit Sahne?	Ja, er ist mit Sahne.
film – komik	
Bu film komik midir?	Evet, komiktir.
Ist dieser Film komisch?	Ja, er ist komisch.
sigara – filtreli	
Bu sigara filtreli midir?	Evet, filtrelidir.
Ist diese Zigarette mit Filter?	Ja, sie ist mit Filter.
ders – matematik	
Bu ders matematik midir?	Evet, matematiktir.
Ist dieser Unterricht Mathe?	Ja, er ist Mathe.
kalem – iyi	
Bu kalem iyi midir?	Evet, iyidir.
Ist dieser Stift gut?	Ja, er ist gut.
saat – doğru	
Bu saat doğru mudur?	Evet, doğrudur.
Geht diese Uhr richtig?	Ja, sie geht richtig.
problem – komplike	
Bu problem komplike midir?	Evet, komplkedir.
Ist dieses Problem	Ja, es ist kompliziert.

kompliziert?	
sinema – büyük	
Bu sinema büyük müdür?	Evet, büyüktür.
Ist dieses Kino groß?	Ja, es ist groß.
tuvalet – temiz	
Bu tuvalet temiz midir?	Evet, temizdir.
Ist diese Toilette sauber?	Ja, sie ist sauber.
para – çok	
Bu para çok mudur?	Evet, çoktur.
Ist dieses Geld viel?	Ja, es ist viel.
manto – yeni	
Bu manto yeni midir?	Evet, yenidir.
Ist dieser Mantel neu?	Ja, er ist neu.

Übung 16 - Alıştırma 16

Güldane – Türkiye'ye gitmek	
Güldane Türkiye'ye gidiyor mu?	*Fährt Güldane in die Türkei?*
Evet, Türkiye'ye gidiyor.	*Ja, sie fährt in die Türkei.*
Hayır, Türkiye'ye gitmiyor.	*Nein, sie fährt nicht in die Türkei.*
Şükrü – voleybol oynamak	
Şükrü voleybol oynuyor mu?	*Spielt Şükrü Volleyball?*
Evet, voleybol oynuyor.	*Ja, er spielt Volleyball.*
Hayır, voleybol oynamıyor.	*Nein, er spielt nicht Volleyball.*
Muhammet – İngılizce bilmek	
Muhammet İngılizce biliyor mu?	*Kann Muhammet Englisch?*
Evet, İngılizce biliyor.	*Ja, er kann Englisch.*
Hayır, İngılizce bilmiyor.	*Nein, er kann kein Englisch.*
Sevda – hastanede çalışmak	

Sevda hastanede çalışıyor mu?	*Arbeitet Sevda im Krankenhaus?*
Evet, hastanede çalışıyor.	*Ja, sie arbeitet im Krankenhaus.*
Hayır, hastanede çalışmıyor.	*Nein, sie arbeitet nicht im Krankenhaus.*
Nergis – yemek pişirmek	
Nergis yemek pişiriyor mu?	*Kocht Nergis?*
Evet, yemek pişiriyor.	*Ja, sie kocht.*
Hayır, yemek pişirmiyor.	*Nein, sie kocht nicht.*
Musa – namaz kılmak	
Musa namaz kılıyor mu?	*Betet Musa?*
Evet, namaz kılıyor.	*Ja, er betet.*
Hayır, namaz kılmıyor.	*Nein, er betet nicht.*
Kadriye – üniversitede okumak	
Kadriye üniversitede okuyor mu?	*Studiert Kadriye an der Uni?*
Evet, üniversitede okuyor.	*Ja, sie studiert an der Uni?*
Hayır, üniversitede okmuyor.	*Nein, sie studiert nicht an der Uni.*
Melise – büroda çalışmak	
Melise büroda çalışıyor mu?	*Arbeitet Melise im Büro?*
Evet, büroda çalışıyor.	*Ja, sie arbeitet im Büro.*
Hayır, büroda çalışmıyor.	*Nein, sie arbeitet nicht im Büro.*
Ali – koşuya katılmak	
Ali koşuya katılıyor mu?	*Nimmt Ali an dem Lauf teil?*
Evet, koşuya katılıyor.	*Ja, er nimmt an dem Lauf teil.*
Hayır, koşuya katılmıyor.	*Nein, er nimmt an dem Lauf nicht teil.*
otobüs – bu durakta durmak	

Otobüs bu durakta duruyor mu?	Hält der Bus an dieser Haltestelle an?
Evet, bu durakta duruyor.	Ja, er hält an dieser Haltestelle an.
Hayır, bu durakta durmuyor.	Nein, er hält nicht an dieser Haltestelle an.
uçak – Frankfurt'a inmek	
Uçak Frankfurt'a iniyor mu?	Landet das Flugzeug in Frankfurt?
Evet, Frankfurt'a iniyor.	Ja, es landet in Frankfurt.
Hayır, Frankfurt'a inmiyor.	Nein, es landet in Frankfurt nicht.
Hasan – Enes'le oynamak	
Hasan Enes'le oynuyor mu?	Spielt Hasan mit Enes?
Evet, Enes'le oynuyor.	Ja, er spielt mit Enes.
Hayır, Enes'le oynamıyor.	Nein, er spielt mit Enes nicht.

Übung 17 - Alıştırma 17

anten	die Antenne
antibiyotik	das Antibiotikum
antifriz	das Frostschutzmittel/die Kühlflüssigkeit
antika	die Antiquität
antikor	der Antikörper
antipropaganda	die Gegenpropaganda
antitez	die Antithese
antoloji	die Anthologie
antrikot	das Entrecote
apandis	der Blinddarm
aparkat	der Aufwärtshaken
apartman	das Mehrfamilienhaus

aperitif	der Aperitif
apse	der Abszess
Arabistan	das Arabien
aritmi	Herzrhythmusstörungen
arkeoloji	die Archäologie
armoni	die Harmonie
arp	die Harfe
artist	der Artist

Übung 18 - Alıştırma 18

Şimdi saat kaç?	Bir buçuk.
Yarım saat sonra saat kaç?	İki.
On dakika sonra saat kaç?	İkiye yirmi (dakika) var.
On beş dakika sonra saat kaç?	İkiye çeyrek var.
Bir saat sonra saat kaç?	İki buçuk.
Bir buçuk saat sonra saat kaç?	Üç.
Kırk dakika sonra saat kaç?	İkiyi on (dakika) geçiyor.
Altmış dakika sonra saat kaç?	İki buçuk.
On iki saat sonra saat kaç?	Bir buçuk.
Altı saat sonra saat kaç?	Yedi buçuk.
Üç saat sonra saat kaç?	Dört buçuk.
Otuz dakika sonra saat kaç?	İki.
Yirmi dört saat sonra saat kaç?	Bir buçuk.
İki buçuk saat sonra saat kaç?	Dört.

Üç çeyrek saat sonra saat kaç?	İkiyi çeyrek geçiyor.
Elli dakika sonra saat kaç?	İkiyi yirmi (dakika) geçiyor.
Otuz beş dakika sonra saat kaç?	İkiyi beş (dakika) geçiyor.
Yetmiş dakika sonra saat kaç?	Üçe yirmi (dakika) var.
Dört saat sonra saat kaç?	Beş buçuk.
Beş dakika sonra saat kaç?	

Übung 19 - Alıştırma 19

kitap/masa/almak	
Kitabı masadan aldı.	Er/Sie/Es hat das Buch vom Tisch genommen.
şoför/oto/inmek	
Şoför otodan indi.	Der Fahrer ist aus dem Auto ausgestiegen.
kalem/çanta/almak	
Kalemi çantadan aldı.	Er/Sie/Es hat den Stift aus der Tasche genommen.
dün/kuaför/gitmek	
Dün kuaföre gitti.	Gestern ist er/sie/es zum Friseur gegangen.
üç saat/gazete/okumak	
Üç saat gazete okudu.	Er/Sie/Es hat drei Stunden Zeitung gelesen.
tren/tünel/geçmek	
Tren tünelden geçti.	Der Zug ist durch den Tunnel gefahren.
bir ay/hastane/çalışmak	
Bir ay hastanede çalıştı.	Er/Sie hat einen Monat im Krankenhaus gearbeitet.
kurs/okul/olmak	
Kurs okulda(dır).	Der Kurs ist in der Schule.

tren/istasyon/durmak	
Tren istasyonda durdu.	Der Zug hat am Bahnhof angehalten.
dönerci/döner/almak	
Dönerciden döner aldı.	*Er kaufte Döner beim Dönerladen.*
tramvay/durak/durmak	
Tramvay durakta durdu.	*Die Straßenbahn hielt an der Haltestelle.*
Hasan/berber/gitmek	
Hasan berbere gitti.	*Hasan ist zum Friseur gegangen.*
otel/dört gün/kalmak	
Otelde dört gün kaldı.	*Er/Sie ist vier Tage im Hotel geblieben.*
banka/para/ çekmek	
Bankadan para çekti.	*Er/Sie hat bei der Bank Geld abgeholt.*
oto/garaj/koymak	
Otoyu garaja koydu.	*Er/Sie hat das Auto in die Garage gestellt.*
otobüs/durak/durmak	
Otobüs durakta durdu.	*Der Bus hielt an der Haltestelle an.*
çay/bardak/içmek	
Çayı bardaktan içti.	*Den Tee hat er/sie aus dem Glas getrunken.*
pilot/uçak/binmek	
Pilot uçağa bindi	*Der Pilot stieg in das Flugzeug ein.*
salata /market/almak	
Salatayı marketten aldı.	*Den Salat hat er/sie beim Supermarkt gekauft.*

market/salata/almak	
Marketten salata aldı.	Er/Sie kaufte Salat im Supermarkt.
su/şişe/içmek	
Suyu şişeden içti.	Das Wasser hat er/sie aus der Flasche getrunken.
üç yıl/Londra/oturmak	
Üç yıl Londra'da oturdu.	Er/Sie wohnte drei Jahre in London.
banka/para/çekmek	
Bankadan para çekti.	Er/Sie hat Geld bei der Bank abgehoben.
kitap/masa/koymak	
Kitabı masaya koydu.	Das Buch hat er/sie auf den Tisch gelegt.
otobüs/Antalya/gelmek	
Otobüsle Antalya'den geldi.	Er/Sie kam aus Antalya mit dem Bus.
ekmek/süpermarket/almak	
Ekmeği süpermarketten aldı.	Das Brot hat er/sie im Supermarkt gekauft.
gözlük/gözlükçü/almak	
Gözlüğü gözlükçüden aldı.	Die Brille hat er/sie im Brillengeschäft gekauft.
et/buzdolabı/koymak	
Eti buzdolabına koydu.	Das Fleisch hat er/sie in den Kühlschrank gestellt.

Übung 20 - Alıştırma 20

biyoloji	die Biologie
blog	der Blog
blokaj	die Sperre

bloknot	das Notizblock
blöf	der Bluff
blucin	die Bluejeans
blûz	die Bluse
Bohemya	Böhmen
boks	das Boxen
boksör	der Boxer/die Boxerin
boks sporu	der Boxsport
boks şampiyonası	die Boxmeisterschaft
bomba	die Bombe
bombardıman	das Bombardement
bonbon	der Bonbon
bonfile	das Filetsteak
bordo	bordeauxrot
borsa	die Börse
Bosna-Hersek	Bosnien-Herzegowina
botanik	die Botanik
branş	die Branche/die Fachrichtung
Bretanya	die Bretagne

Übung 21 - Alıştırma 21

Hasan kapıda mı?	Ist Hasan an der Tür?
Evet, kapıda.	Ja, er ist an der Tür.
Gazete masada mı?	Ist die Zeitung auf dem Tisch?
Süreyya yemek yiyor mu?	Isst Süreyya?
Hasan tatilde değil.	Hasan ist nicht in Ferien.
Leyla voleybol oynuyor mu?	Spielt Leyla Voleyball?
Nesrin banyoda duş alıyor.	Nesrin duscht im Bad.
Yasemin Türkiye'ye gidiyor.	Yasemin fährt/fliegt in

	die Türkei.
Projektör nerede?	Wo ist der Projektor?
Ders okulda değil, üniversitede.	Der Unterricht findet nicht in der Schule statt, sondern in der Uni.
Telefonda konuşuyorlar.	Sie unterhalten sich am Telefon.
Ali su içiyor.	Ali trinkt Wasser.
Aylin Bochum'da oturuyor.	Aylin wohnt in Bochum.
Hasan gazete okuyor.	Hasan liest Zeitung.
Eşref yatakta.	Eşref ist im Bett.
Yemekte Salata yok.	Beim Essen gibt es keinen Salat.
Şişede su var.	In der Flasche ist Wasser.
Ülkü nerede çalışıyor?	Wo arbeitet Ülkü.
Hasan öğretmen mi?	Ist Hasan Lehrer?
Hasan öğretmen değil, işçi.	Hasan ist nicht Lehrer, sondern Arbeiter.
Deniz masada oturuyor.	Deniz sitzt am Tisch.
İtalya'ya trenle gidiyor.	Er/Sie fährt mit dem Zug nach Italien.
Bana bir mesaj gönderdi.	Er/Sie hat mir eine Nachricht geschickt.
Yarın sinemaya gidecek.	Morgen geht er/sie ins Kino.

Übung 22 - Alıştırma 22

T	Tünel**den** bir Alman araba**sı** geçiyor.
D	Durch den Tunnel fährt ein deutscher Wagen.
T	Turist**ler** otobüs**ten** iniyorlar.

D	Die Touristen steigen aus dem Bus.
T	Alman turist**leri** otobüse biniyor**lar**.
D	Deutsche Touristen steigen in den Bus ein.
T	Tren Köln'**den** Dortmund'**a** gidiyor.
D	Der Zug fährt von Köln nach Dortmund.
T	Saat 7'**de** ev**den** çıkıp i**şe** gidiyorum.
D	Um 7 Uhr verlasse ich das Haus und gehe zur Arbeit.
T	Hangi okul**a** gidiyorsun?
D	Zu welcher Schule gehst du?
T	Saat 5'**te** sinema**ya** gidiyoruz.
D	Um 5 Uhr gehen wir ins Kino.
T	Nere**den** geliyorsun?
D	Woher kommst du?
T	Durak**ta** bekliyorum.
D	Ich warte an der Haltestelle.
T	Nere**ye** gidiyorsun?
D	Wohin gehst du?
T	Saat 3'**te** siz**e** geleceğiz.
D	Um 3 Uhr kommen wir zu Ihnen.
T	Tatil**de** Antalya'**ya** gideceğiz.
D	In den Ferien werden wir nach Antalya fahren.

Übung 23 - Alıştırma 23

Brezilya	Brasilien
briç	das Bridge
brifing	das Briefing
briket	das Brikett
Britanya	Britanien
bronş	die Bronchie
bronşit	die Bronchitis
bronz	die Bronze
broş	die Brosche

Brüksel	Brüssel
brüt	brutto
Budapeşte	Budapest
bukalemun	das Chamäleon
buke	das Bukett
Bulgaristan	Bulgarien
burjuvazi	die Bourgeoisie/das Bürgertum
Bükreş	Bukarest
büro	das Büro
bürokrasi	die Bürokratie
bütçe	das Haushalt/das Budget
caz	der Jazz
caz müziği	die Jazzmusik

Übung 24 - Alıştırma 24

1.	Birinci sayfadan sonra **ikinci** sayfa sayfa gelir.
2.	Dokuzuncu sayfadan sonra **onuncu** sayfa sayfa gelir.
3.	On birinci sayfadan önce **onuncu** sayfa sayfa gelir.
4.	**Dördüncü** sayfadan önce üçüncü sayfa gelir.
5.	On sekizinci sayfadan sonra **on dokuzuncu** sayfa gelir.
6.	Doksan dokuzuncu sayfadan sonra **yüzüncü** sayfa gelir.
7.	Yüzüncü sayfadan sonra **yüz birinci** sayfa gelir.
8.	Yirminci sayfadan sonra **yirmi birinci** sayfa gelir.
9.	Otuz birinci sayfadan önce **otuzuncu** sayfa gelir.
10.	Seksen yedinci sayfadan sonra **seksen sekizinci** sayfa gelir.
11.	**Kırk dokuzuncu** sayfadan sonra ellinci sayfa gelir.
12.	**Altmış birinci** sayfadan önce altmışıncı sayfa gelir.
13.	Yetmişinci sayfadan sonra **yetmiş birinci** sayfa gelir.

14.	Yedinci sayfadan sonra **sekizinci** sayfa gelir.
15.	**Otuz dokuzuncu** sayfadan sonra kırkıncı sayfa gelir.
16.	On birinci sayfadan önce **onuncu** sayfa sayfa gelir.
17.	Yirmi beşinci sayfadan sonra **yirmi altıncı** sayfa gelir.
18.	Yirmi dördüncü sayfadan sonra **yirmi beşinci** sayfa gelir.
19.	**Otuz yedinci** sayfadan sonra otuz sekizinci sayfa gelir.
20.	Yirmi ikinci sayfadan sonra **yirmi üçüncü** sayfa gelir.
21.	Otuz üçüncü sayfadan önce **otuz ikinci** sayfa gelir.
22.	Kırk dokuzuncu sayfadan sonra **ellinci** sayfa gelir.
23.	Yüz dokuzuncu sayfadan sonra **yüz onuncu** sayfa gelir.
24.	Dokuz yüz doksan dokuzuncu sayfadan sonra **bininci** sayfa gelir.

Übung 25 - Alıştırma 25

coğrafya	die Geographie
coker	der Joker
cokey	der Jockey
Çek	der Tscheche/die Tschechin
Çekçe	Tschechisch
Çin	China
çinçilya	die Chinchilla
çip	der Chip
dans	der Tanz
dansör	der Tänzer
dansöz	die Tänzerin
defans	die Devensive/die Abwehr
dejenere	degeneriert
dekadans	die Dekadenz
dekatlon	der Zehnkampf
dekor	das Dekor

demagoji	die Demagogie
demokrasi	die Demokratie
deodoran	das Deo/Deodorant
depo	das Depot/das Lager/der Tank
depozit	das Pfand/die Kaution
depresyon	die Depression

Übung 26 - Alıştırma 26

	Deutsch		Deutsch
yok	gibt es nicht	var	gibt es
gitmek	gehen	gelmek	kommen
siyah	schwarz	beyaz	weiß
burada	hier	orada	dort
almak	nehmen	vermek	geben
hızlı	schnell	yavaş	langsam
çok	viel	az	wenig
soğuk	kalt	sıcak	warm
kapalı	zu/geschlossen	açık	auf/offen
beyaz	weiß	siyah	schwarz
büyük	groß	küçük	klein
iyi	gut	kötü	schlecht
kısa	kurz	uzun	lang
yaşlı	alt	genç	jung
güneşli	sonnig	güneşsiz	nicht sonnig
eski	alt	yeni	neu
alkollü	alkoholisiert	alkolsüz	alkoholfrei
paralı		parasız	
müzikli	mit Musik	müziksiz	ohne Musik
akıllı	klug	aptal	dumm
tembel	faul	çalışkan	fleißig
kalın	dick	ince	dünn

uzun	lang	kısa	kurz

Übung 27 - Alıştırma 27

dermatoloji	die Dermatologie
desimetre	der Dezimeter
deşarj	die Entladung
detay	das Detail
devalüasyon	die Abwertung
dezavantaj	der Nachteil
dijital	digital
diktatör	der Diktator
dikte	das Diktat
diploma	das Diplom
diplomasi	die Diplomatie
direksiyon	die Lenkung/das Lenkrad
direktör	der Direktor/die Direktorin
disiplin	die Disziplin
disk	der Diskus/die Scheibe/die Diskette
diskalifiye	disqualifiziert
disket	die Diskette
diskli fren	die Scheibenbremse
diskjokey	der Diskjockey
distribütör	der Verteiler
diyabet	der Diabetes
diyagram	das Diagramm

Übung 28 - Alıştırma 28

T	Ayşe saat 10'**u** 5 geç**e** bize gelecek.
D	Ayşe wird um 5 nach 10 zu uns kommen.

T	Şimdi saat 10'**u** 5 geçi**yor**.
D	Jetzt ist es 5 nach 10.
T	Dersimiz saat 8'**e** çeyrek kal**a** başlıyor.
D	Unser Unterricht fängt um Viertel vor acht an.
T	Şimdi saat 8'**i** çeyrek geçi**yor**.
D	Jetzt ist es Viertel nach acht.
T	Şimdi saat 12'**ye** 6 (dakika) var.
D	Jetzt ist es 6 (Minuten) vor 12.
T	Öğle yemeği tam yarım**da**.
D	Das Mittagessen ist um punkt halb eins.
T	Sinema 9 buçuk**ta** bitiyor.
D	Das Kino endet um halb 10.
T	9 buçu**ğa** 5 var, 9'**u** 25 geçi**yor** demektir.
D	5 vor halb zehn heißt es ist 25 nach 9.
T	19.35 veya 7 buçuğ**u** 5 geçi**yor** veya 8'**e** 25 var.
D	19:35 oder 5 nach halb acht oder 25 vor 8.
T	Dersimiz saat 9'**u** çeyrek geç**e** bitiyor.
D	Unser Unterricht endet um Viertel nach 9.
T	Birinci programdaki film saat 21.45'**te** başlayıp saat 22.30'**da** bitiyor.
D	Der Film im ersten Programm fängt um 21:45 und endet um 22:30.
T	Konferans 1'**i** 25 geç**e** başlayıp 3 saat sürdü.
D	Der Vortrag fing 25 nach 1 an und dauerte 3 Stunden.
T	Akşam 9'**dan** sabah 9'**a** kadar 12 saat uyudu.
D	Von abends 9 bis morgens um 9 hat er 12 Stunden geschlafen.
T	Emine 2'**den** 4'**e** kadar evde kalıp çocuklara baktı.
D	Emine blieb von 2 bis 4 zuhause und passte auf

	die Kinder auf.
T	Saat 5'i 5 geç**eden** 7'**ye** 7 kal**aya** kadar futbol oynadılar.
D	Von 5 nach 5 bis 7 vor 7 haben sie Fußball gespielt.
T	10'**u** 10 geç**e** ders başlayacak.
D	Um 10 nach 10 wird der Unterricht anfangen.
T	Ali, 10'**a** 5 kal**adan** 10'**u** 10 geç**eye** kadar dinlendi.
D	Ali hat sich von 5 vor 10 bis 10 nach 10 ausgeruht.
T	Antrenman, saat 8'**i** 10 geç**e** başlayıp 12'**ye** 5 kal**aya** kadar sürdü.
D	Das Training fing um 10 nach 8 an und dauerte bis 5 vor 12.
T	Saat 9'**da** kalkıp 10'**a** kadar kahvaltı etti.
D	Er/Sie ist um 9 aufgestanden und frühstückte bis 10.
T	Gülcan'ın treni saat 9'**u** 10 geç**e** kalkıyor.
D	Gülcans Zug fährt um 10 nach 9 ab.

Übung 29 - Alıştırma 29

	1	2	3	4	5	6	7	8	9	10	11	12	13
1	■	t	■	■	■	p	a	z	a	r	■	■	o
2	s	a	l	a	t	a	■	r	■	■	■	e	l
3	■	k	■	■	n	■	a	■	■	a	l	■	■
4	■	s	■	k	i	t	a	p	■	f	■	m	e
5	p	i	p	o	■	o	■	a	r	a	b	a	■
6	i	■	■	m	■	l	e	r	■	r	■	■	■
7	s	■	■	i	■	o	■	k	a	l	e	m	■
8	■	m	a	k	i	n	e	■	■	a	■	a	k
9	■	■	l	■	ş	■	v	■	e	r	■	ç	■

Übung 30 - Alıştırma 30

baba	der Vater
anneanne	die Großmutter (Mutter der Mutter)
babaanne	die Großmutter (Mutter des Vaters)
amca	der Onkel (väterlicherseits)
baldız	die Schwägerin (Schwester der Ehefrau)
teyze	die Tante (mütterlicherseits)
hala	die Tante (väterlicherseits)
dayı	der Onkel (mütterlicherseits)
kız kardeş	die (jüngere) Schwester
abla	die (ältere) Schwester
damat	der Bräutigam/der Schwiegersohn
kayınpeder	der Schwiegervater
gelin	die Braut/die Schwiegertochter
kayınvalide	die Schwiegermutter
bacanak	der Schwippschwager

kayınbirader	der Schwager (der Bruder des Ehemannes/der Ehefrau)
yenge	die (angeheiratete) Tante/die Schwägerin
abi/ağabey	der (ältere) Bruder
erkek kardeş	der (jüngere) Bruder
kuzen	der Cousin/der Vetter
kuzin	die Cousine

Übung 31 - Alıştırma 31

tiyatro – konser (onlar)	Onlar tiyatrodan sonra konsere gidiyorlar.
Hasan – ev (ben)	Ben Hasan'dan sonra eve gidiyorum.
Türkiye – Yunanistan (turistler)	Turistler Türkiye'den sonra Yunanistan'a gidiyorlar.
saat bir – antrenman (ben)	Ben saat birden sonra antrenmana gidiyorum.
yemek – alış veriş (Necla)	Necla yemekten sonra alış verişe gidiyor.
sinema – Ayşe (biz)	Biz sinemadan sonra Ayşe'ye gidiyoruz.
iş - ev (sen)	Sen işten sonra eve gidiyorsun.
okul – spor (biz)	Biz okuldan sonra spora gidiyoruz.
öğle – park (siz)	Siz öğleden sonra parka gidiyorsunuz.
ders – bira içme (onlar)	Onlar dersten sonra bira içme ye gidiyorlar.
televizyon – yatak (çocuk)	Çocuk televizyondan sonra yatağa gidiyor.

kurs – kantin (öğrenciler)	Öğrenciler kurstan sonra kantine gidiyorlar.
büro – kafeterya (bankacılar)	Bankacılar bürodan sonra kafeteryaya gidiyorlar.
İzmir – Efes (Almanlar)	Almanlar İzmir'den sonra Efes'e gidiyorlar.
saat dört – bir arkadaş (ben)	Ben saat dörtten sonra bir arkadaşıma gidiyorum.
lokanta – sinema (o)	O lokantadan sonra sinemaya gidiyor.
Emin – Mehmet (siz)	Siz Emin'den sonra Mehmet'e gidiyorsunuz.
bu sigara – ev (ben)	Ben bu sigaradan sonra eve gidiyorum.
spor – hamam (o)	O spordan sonra hamama gidiyor.
saat iki – kurs (öğrenci)	Öğrenci saat ikiden sonra kursa gidiyor.

Übung 32 - Alıştırma 32

Ist Hasan an der Tür?	Hasan kapıda mı?
Ja, er ist dort.	Evet, orada.
Ist Nermin im Unterricht?	Nermin derste mi?
Nein, sie ist im Kino.	Hayır, sinemada.
Nevin arbeitet viel.	Nevin çok çalışıyor.
Aylin und Norbert lernen Türkisch.	Aylin ile Norbert Türkçe öğreniyor(lar).
Er liest ein Buch.	O (bir) kitap okuyor./ Kitap okuyor.
Er sitzt am Tisch.	O masada oturuyor./Masada

	oturuyor.
Nevin wohnt in der Türkei und Ülkü in Deutschland.	Nevin Türkiye'de, Ülkü Almanya'da oturuyor.
Hasan geht zur Uni.	Hasan üniversiteye gidiyor.
Er lernt Türkisch.	O Türkçe öğreniyor./ Türkçe öğreniyor.
Geht sie zum Kurs?	Kursa gidiyor mu?
Der Kurs ist in der Schule.	Kurs okulda.
Ist die Musik im Radio?	Radyoda müzik var mı?
Nein, sie ist im Fernsehen.	Hayır, televizyonda.
Hasan liest Zeitung.	Hasan gazete okuyor.
Hasan isst.	Hasan yemek yiyor.
Hasan geht ins Kino.	Hasan sinemaya gidiyor.
Was ist das?	Bu ne?
Hasan spielt Fußball.	Hasan futbol oynuyor.

Übung 33 - Alıştırma 33

diyalekt	der Dialekt
diyalog	der Dialog
diyaliz	die Dialyse
diyot	die Diode
dizayn	das Design
doçent	der Dozent/die Dozentin
doping	das Doping
doping skandalı	der Dopingskandal
dosya	das Dossier/die Akte/die Datei
dosya numarası	das Aktenzeichen
doz	die Dosis

dozaj	die Dosierung
döviz	die Devisen
draje	das Dragee
dram	das Drama
drenaj	die Entwässerung
duş	die Dusche
duş kabini	die Duschkabine
düet	das Duett
edisyon	die Edition
editör	der Editor
efemine	weiblich

Übung 34 - Alıştırma 34

patates /4 kilo	Kartoffeln/4 Kilo
Dört kilo patates istiyorum.	Ich möchte vier Kilo Kartoffeln.
dolmalık biber/400 gram	Paprikaschoten/400 Gramm
400 gram dolmalık biber istiyorum.	Ich möchte 400 Gramm Paprikaschoten.
bira/½ litre	Bier/½ litre
½ litre bira istiyorum.	Ich möchte ein ½ Liter Bier.
döner/2 porsiyon	Döner/2 Portionen
2 porsiyon döner istiyorum.	Ich möchte 2 Portionen Döner.
zeytin /350 gram	Oliven/350 Gramm
350 Gramm zeytin istiyorum.	Ich möchte 350 Gramm Oliven.
bonfile/2 kilo	Filetsteak/2 Kilo
2 kilo bonfile istiyorum.	Ich möchte 2 kilo Filetsteak.
yumurta/10 tane	Eier/10 Stück
10 tane yumurta istiyorum.	Ich möchte 10 Eier.

kavun /3 tane	Honigmelone/3 Stück
3 tane kavun istiyorum.	Ich möchte 3 Honigmelonen.
beyaz peynir /250 gram	Schafskäse/250 Gramm
250 gram beyaz peynir istiyorum.	Ich möchte 250 Gramm Schafskäse.
süper benzin/40 litre	Superbenzin/40 Liter
40 litre süper (benzin) istiyorum.	Ich möchte 40 Liter Super(benzin).
su/3 şişe	Wasser/3 Flaschen
3 şişe su istiyorum.	Ich möchte 3 Flaschen Wasser.
sigara/5 paket	Zigaretten/5 Schachteln
5 paket sigara istiyorum.	Ich möchte 5 Schachteln Zigaretten.
limonata/2 bardak	Limonade/2 Gläser
2 bardak limonata istiyorum.	Ich möchte 2 Gläser Limonade.
çay/3 fincan	Tee/3 Tassen
3 fincan çay istiyorum.	Ich möchte 3 Tassen Tee.
kıyma/450 gram	Hackfleisch/450 Gramm
450 gram kıyma istiyorum.	Ich möchte 450 Gramm Hackfleisch.
elma/2,5 kilo	Äpfel/2,5 Kilo
2,5 kilo elma istiyorum.	Ich möchte 2,5 Kilo Äpfel.
tütün/50 gram	Tabak/50 Gramm
50 gram tütün istiyorum.	Ich möchte 50 Gramm Tabak.
kitap/2 tane	Bücher/2 Stück
2 tane kitap istiyorum.	Ich möchte 2 Bücher.
domates /3 kilo istiyorum.	Tomaten/3 Kilo Ich möchte 3 KiloTomaten.
tuvalet kâğıdı/9 paket	Toilettenpapier/9 Pakete
9 paket tuvalet kâğıdı	Ich möchte 9 Pakete

istiyorum.	Toilettenpapier
portakal/1,5 kilo	
1,5 kilo portakal istiyorum.	Ich möchte 1,5 Kilo Orangen.
mercimek/700 gram	Linsen/700 Gramm
700 gram mercimek istiyorum.	Ich möchte 700 Gramm Linsen.
tenis topu/8 tane	Tennisball/8 Stück
8 tane tenis topu istiyorum.	Ich möchte 8 Tennisbälle.
kablo/25 metre	Kabel/25 Meter
25 metre kablo istiyorum.	Ich möchte25 Meter Kabel.

Übung 35 - Alıştırma 35

efor	die Anstrengung
egoist	der Egoist/die Egoistin
egoizm	der Egoismus
egzama	das Ekzem
egzersiz	die Übung
egzotik	exotisch
egzoz	der Auspuff
egzoz gazı	das Abgas
ekip	die Mannschaft
ekoloji	die Ökologie
ekonomi	die Wirtschaft
ekosistem	das Ökosystem
eksantrik	exzentrisch
eksper	der Experte/die Expertin
ekspertiz	die Expertise
ekspoze	das Exposé
ekspress	der Express
ekstra	extra
ekvator	der Äquator

elektrik	die Elektrik/die Elektrizität
elektrik ampulü	die Glühbirne
elektroşok	der Elektroschock

Übung 36 - Alıştırma 36

eve gitmek /ben	nach Hause gehen/ich
Eve gideceğim.	Ich werde nach Hause gehen.
yemek yemek/ben	essen/ich
Ben yemek yiyeceğim.	Ich werde essen.
Bochum'da oturmak /sen	in Bochum wohnen/du
Bochum'da oturacaksın.	Du wirst in Bochum wohnen.
Türkçe öğrenmek /biz	Türkisch lernen/wir
Biz Türkçe öğreniyoruz.	Wir lernen Türkisch.
Paris'e gitmek/tren	nach Paris fahren/der Zug
Tren Paris'e gidiyor.	Der Zug fährt nach Paris.
Türkiye'den gelmek /Ali	aus der Türkei kommen/Ali
Ali Türkiye'den geliyor.	Ali kommt aus der Türkei.
yemek yemek /çocuklar	essen/die Kinder
Çocuklar yemek yiyor(lar).	Die Kinder essen.
çay içmek/siz	Tee trinken/Sie
Siz çay içiyorsunuz.	Sie trinken Tee.
okula gitmek/öğrenciler	zur Schule gehen/die Schüler
Öğrenciler okula gidiyor(lar).	Die Schüler gehen zur Schule.
televizyon izlemek /biz	Fern sehen/wir
Biz televizyon izliyoruz.	Wir sehen Fern.
sinemaya gitmek /ben	ins Kino gehen/ich
Ben sinemaya gidiyorum.	Ich gehe ins Kino.
Türkçe öğrenmek /sen	Türkisch lernen/du
Sen Türkçe öğreniyorsun.	Du lernst Türkisch.
kitap okumak/onlar	Buch lesen/sie
Onlar kitap okuyor(lar).	Sie lesen Bücher.

limonata içmek/ben	*Limonade trinken/ich*
Ben limonata içiyorum.	*Ich trinke Limonade.*
bu akşam gelmek/onlar	*heute Abend kommen/sie*
Onlar bu akşam geliyor(lar).	*Sie kommen heute Abend.*
bankaya gitmek/ben	*zur Bank gehen/ich*
Ben bankaya gidiyorum.	*Ich gehe zur Bank.*
gazete okumak/ben	*Zeitung lesen/ich*
Ben gazete okuyorum.	*Ich lese die Zeitung.*
Türkçe konuşmak/siz	*Türkisch sprechen/Sie*
Siz Türkçe konuşuyorsunuz.	*Sie sprechen Türkisch.*
alış veriş yapmak/sen	*einkaufen/du*
Sen alış veriş yapıyorsun.	*Du kaufst ein.*

Übung 37 - Alıştırma 37

Tunus	*Tunesien*
Almanya	Deutschland
Arnavutluk	*Albanien*
Avusturya	Österreich
Avustralya	Australien
Belçika	Belgien
Bulgaristan	Bulgarien
Cezayir	Algerien
Danimarka	Dänemark
Finlandiya	Finland
Fransa	Frankreich
Hindistan	Indien
İngiltere	England
Hollanda	Holland
İspanya	Spanien
İrlanda	Irland
İskoçya	Schottland

İsveç	Schweden
İsviçre	die Schweiz
İtalya	Italien
Japonya	Japan
Kıbrıs	Zypern
Küba	Kuba
Mısır	Ägypten
Polonya	Polen
Portekiz	Portugal
Yunanistan	Griechenland

Übung 38 - Alıştırma 38

elektrot	die Elektrode
elips	die Ellipse
elit	die Elite/elitär
empati	die Empathie
emperyalizm	der Imperialismus
empresyonizm	der Impressionismus
endeks	der Index
endikasyon	die Indikation
endirekt	indirekt
Endonezya	Indonesien
Endülüs	Andalusien
endüstri	die Industrie
enerji	die Energie
enerji krizi	die Energiekrise
enfarktüs	der Infarkt
enfeksiyon	die Infektion/die Ansteckung
enflasyon	die Inflation
enformasyon	die Information/die Auskunft
enfraruj	das Infrarot

enfrastrüktür	die Infrastruktur
enjeksiyon	die Injektion/die Einspritzung
enjektör	der Injektor/die Spritze

Übung 39 - Alıştırma 39

kurs /konser	der Kurs /das Konzert
Kursa mı gidiyorsun?	Gehst du zum Kurs?
Hayır, konsere gidiyorum.	Nein, ich gehe ins Konzert.
ev/okul	das Haus/die Schule
Eve mi gidiyorsun?	Gehst du nach Hause?
Hayır, okula gidiyorum.	Nein, ich gehe in die Schule.
tiyatro /ders	Theater/Unterricht
Tiyatroya mı gidiyorsun?	Gehst du ins Theater?
Hayır, derse gidiyorum.	Nein, ich gehe zum Unterricht.
Türkiye /Fransa	die Türkei/Frankreich
Türkiye'ye mi gidiyorsun?	Fährst du in die Türkei?
Hayır, Fransa'ya gidiyorum.	Nein, ich fahre nach Frankreich.
otobüs/taksi	der Bus/das Taxi
Otobüse mi gidiyorsun?	Gehst du zum Bus?
Hayır, taksiye gidiyorum.	Nein, ich gehe zum Taxi.
yemek/ çay	das Essen/Tee
Yemeğe mi gidiyorsun?	Gehst du zum Essen?
Hayır,	Nein, ich gehe zum Tee.
ders/ iş	der Unterricht/die Arbeit
Derse mi gidiyorsun?	Gehst du zum Unterricht?
Hayır, işe gidiyorum.	Nein, ich gehe zur Arbeit.
sinema/tiyatro	das Kino/das Theater
Sinemaya mı gidiyorsun?	Gehst du zum Kino?
Hayır, tiyatroya gidiyorum.	Nein, ich gehe ins Theater.
Frankfurt/Münih	Frankfurt/München
Frankfurt'a mı gidiyorsun?	Fährst du nach Frankfurt?

Hayır, Münih'e gidiyorum.	Nein, ich fahre nach München.
alış veriş/golf	Einkaufen/Golf
Alış verişe mi gidiyorsun?	Gehst du Einkaufen?
Hayır, golfa gidiyorum.	Nein, ich gehe zum Golf.
banka/postane	die Bank/die Post
Bankaya mı gidiyorsun?	Gehst du zur Bank?
Hayır, postaneye gidiyorum.	Nein, ich gehe zur Post.
istasyon/park	der Bahnhof/der Park
İstasyona mı gidiyorsun?	Gehst du zum Bahnhof?
Hayır, parka gidiyorum.	Nein, ich gehe zum Park.
telefon/mutfak	das Telefon/die Küche
Telefona mı gidiyorsun?	Gehst du zum Telefon?
Hayır, mutfağa gidiyorum.	Nein, ich gehe in die Küche.
postane/ maç	die Post/das Spiel
Postaneye mi gidiyorsun?	Gehst du zur Post?
Hayır, maça gidiyorum.	Nein, ich gehe zum Spiel.
doktor/avukat	der Arzt/der Anwalt
Doktora mı gidiyorsun?	Gehst du zum Arzt?
Hayır, avukata gidiyorum.	Nein, ich gehe zum Anwalt.
hastane/poliklinik	das Krankenhaus/die Poliklinik
Hastaneye mi gidiyorsun?	Gehst du zum Krankenhaus?
Hayır, polikliniğe gidiyorum.	Nein, ich gehe zur Poliklinik.
lokanta/ çayhane	das Restaurant/das Teehaus
Lokantaya mı gidiyorsun?	Gehst du zum Restaurant?
Hayır, çayhaneye gidiyorum.	Nein, ich gehe zur Poliklinik.
büro/deniz	das Büro/das Meer
Büroya mı gidiyorsun?	Gehst du ins Büro?
Hayır, denize gidiyorum.	Nein, ich gehe zum Meer.
Sicilya/Korsika	Sizilien/Korsika
Sicilya'ya mı gidiyorsun?	Fähst du nach Sizilien?

Hayır, Korsika'ya gidiyorum.	Nein, ich fahre nach Korsika.
garaj/otopark	die Garage/der Parkplatz
Garaja mı gidiyorsun?	Gehst du zur Garage?
Hayır, otoparka gidiyorum.	Nein, ich gehe zum Parkplatz.

Übung 40 - Alıştırma 40

kahve /çay/içmek	der Kaffee /der Tee/trinken
Kahve içmiyorum, çay içiyorum.	Ich trinke keinen Kaffee, sondern Tee.
domates/sivri biber/yemek	Tomaten/Pepperoni/essen
Domates yemiyorum, sivri biber yiyorum.	Ich esse keine Tomaten, sondern Pepperoni.
limonata/bira/ içmek	Limonade/Bier/trinken
Limonata içmiyorum, bira içiyorum.	Ich trinke keine Limonade, sondern Bier.
Türkçe/İtalyanca/öğrenmek	Türkisch/Italienisch/lernen
Türkçe öğrenmiyorum, İtalyanca öğreniyorum.	Ich lerne nicht Türkisch, sondern Italienisch.
futbol/tenis/oynamak	Fußball/Tennis/spielen
Futbol oynamıyorum, tenis oynuyorum.	Ich spiele nicht Fußball, sondern Ternnis.
sinemaya/tiyatroya/gitmek	ins Kino/ins Theater/gehen
Sinemaya gitmiyorum, tiyatroya gidiyorum.	Ich gehe nicht ins Kino, sondern ins Theater.
dergi/gazete/okumak	Zeitschrift/Zeitung/lesen
Dergi okumuyorum, gazete okuyorum.	Ich lese keine Zeitschrift, sondern eine Zeitung.
burada/orada/oturmak	hier/dort/wohnen
Burada oturmuyorum, orada oturuyorum.	Ich wohne nicht hier, sondern dort.

derse/spora/gitmek	zum Unterricht/zum Sport/gehen
Derse gitmiyorum, spora gidiyorum.	Ich gehe nicht zum Unterricht, sondern zum Sport.
Çince/Almanca/ konuşmak	Chinesisch/Deutsch/sprechen
Çince konuşmuyorum, Almanca konuşuyorum.	Ich spreche kein Chinesisch, sondern Deutsch.
kantinde/evde/yemek yemek	in der Kantine/zu Hause/essen
Kantinde yemek yemiyorum, evde yemek yiyorum.	Ich esse nicht in der Kantine, sondern zu Hause.
müzede/konservatuarda/ konservatuarda çalışıyorum.	im Museum/im Konservatorium/arbeiten
Müzede çalışmıyorum, konservatuarda çalışıyorum.	Ich arbeite nicht im Museum, sondern im Konservatorium.
roman/mektup/yazmak	Roman/Brief/schreiben
Roman yazmıyorum, mektup yazıyorum.	Ich schreibe keinen Roman, sondern einen Brief.
Türkiye'de/Almanya'da/oturmak	in der Türkei/in Deutschland/wohnen
Türkiye'de oturmuyorum, Almanya'da oturuyorum.	Ich wohne nicht in der Türkei, sondern in Deutschland.
derste/parkta/olmak	im Unterricht/im Park/sein
Derste değilim, parktayım.	Ich bin nicht im Unterricht, sondern im Park.
otelde/pansiyonda/uyumak	im Hotel/in der Pension/schlafen
Otelde uyumuyorum, pansiyonda uyuyorum.	Ich schlafe nicht im Hotel, sondern in der Pension.
ormanı/denizi/görmek	den Wald/das Meer/sehen
Ormanı görmüyorum, denizi	Ich sehe nicht den Wald,

görüyorum.	sondern das Meer.
işten/evden/gelmek	von der Arbeit/von zuhause/kommen
İşten gelmiyorum, evden geliyorum.	Ich komme nicht von der Arbeit, sondern von zuhause.
müzik/haberleri/dinlemek	Musik/die Nachrichten/hören
Müzik dinlemiyorim, haberleri dinliyorum.	Ich höre nicht Musik, sondern die Nachrichten.
bisiklete/motosiklete/binmek	Fahrrad/Motorrad/fahren
Bisiklete binmiyorum, motosiklete biniyorum.	Ich fahre nicht Fahrrad, sondern Motorrad.

Übung 41 - Alıştırma 41

enstitü	das Institut
enstrüman	das Instrument
enstrümantal müzik	die Instrumentalmusik
ensülin	das Insulin
entegrasyon	die Integration
enteresan	interessant
enternasyonal	international
entrika	die Intrige
envanter	die Inventur
envestisman	das Investment
enzim	das Enzym
epidemi	die Epidemie
epik	die Epik
epilepsi	die Epilepsie
epilog	der Epilog
e-posta	die E-Mail
eroin	das Heroin

erotik	erotisch
erozyon	die Erosion
espri	der Witz
etiket	das Etikett
etnik	ethnisch

Übung 42 - Alıştırma 42

	araba	kitap	kalem
benim	arabam	kitabım	kalemim
senin	araban	kitabın	kalemin
onun	arabası	kitabı	kalemi
bizim	arabamız	kitabımız	kalemimiz
sizin	arabanız	kitabınız	kaleminiz
onların	arabaları	kitapları	kalemleri

	sandalye	defter	silgi
benim	sandalyem	defterim	silgim
senin	sandalyen	defterin	silgin
onun	sandalyesi	defteri	silgisi
bizim	sandalyemiz	defterimiz	silgimiz
sizin	sandalyeniz	defteriniz	silginiz
onların	sandalyeleri	defterleri	silgileri

	masa	arkadaş	okul
benim	masam	arkadaşım	okulum
senin	masan	arkadaşın	okulun
onun	masası	arkadaşı	okulu
bizim	masamız	arkadaşımız	okulumuz
sizin	masanız	arkadaşınız	okulunuz

onların	masaları	arkadaşları	okulları

	çanta	otel	uçak
benim	çantam	otelim	uçağım
senin	çantan	otelin	uçağın
onun	çantası	oteli	uçağı
bizim	çantamız	otelimiz	uçağımız
sizin	çantanız	oteliniz	uçağınız
onların	çantaları	otelleri	uçakları

	göz	gözlük	gözlükçü
benim	gözüm	gözlüğüm	gözlükçüm
senin	gözün	gözlüğün	gözlükçün
onun	gözü	gözlüğü	gözlükçüsü
bizim	gözümüz	gözlüğümüz	gözlükçümüz
sizin	gözünüz	gözlüğünüz	gözlükçünüz
onların	gözleri	gözlükleri	gözlükçüleri

	bardak	tabak	çatal
benim	bardağım	tabağım	çatalım
senin	bardağın	tabağın	çatalın
onun	bardağı	tabağı	çatalı
bizim	bardağımız	tabağımız	çatalımız
sizin	bardağınız	tabağınız	çatalınız
onların	bardakları	tabakları	çatalları

Übung 43 - Alıştırma 43

Ayşe saat 10'u 5 geçe bize gelecek.	Ayşe wird um 5 nach 10 zu uns kommen.
Şimdi saat 10'u 5 **geçiyor**.	Es ist jetzt 5 nach 10.
Dersimiz saat 8'e çeyrek **kala** başlıyor.	Unser Unterricht fängt um Viertel vor 8 an.
Şimdi saat 8'i çeyrek **geçiyor**.	Jetzt ist es Viertel nach 8.
Şimdi saat 12'ye 6 **var**.	Jetzt ist es 6 vor 12.
9 buçuğa 5 **var** 9'u 25 **geçiyor** demektir.	Es ist 5 vor halb 9 heißt es ist 25 nach 9.
19.35 veya 7 buçuğu 5 **geçiyor** veya 8'e 25 **var**.	19:35 Uhr oder 5 nach halb 8 oder 25 vor 8.
Dersimiz saat 9'u çeyrek geçe bitiyor.	Unser Unterricht endet um Viertel nach 9.
Konferans 1'i 25 **geçe** başlayıp 3 saat sürdü.	Der Vortrag fing um 25 nach 1 an und dauerte 3 Stunden.
Akşam 9'**dan** sabah 9'**a** kadar 12 saat uyudu.	Von abends 9 bis morgens 9 hat er/sie 12 Stunden geschlafen.
Emine 2'**den** 4'**e** kadar evde kalıp çocuklara baktı.	Emine blieb von 2 bis 4 zuhause und passte auf die Kinder auf.
Saat 5'**i** 5 geç**eden** 7'**ye** 7 kala**ya** kadar futbol oynadılar.	Von 5 nach 5 bis 7 vor 7 haben sie Fußball gespielt.
10'**u** 10 geç**e** ders başlayacak.	Der Unterricht wird um 10 nach 10 beginnen.
Antrenman, saat 8'**i** 10 geçe başlayıp 12'**ye** 5 kal**aya** kadar sürdü.	Das Training fing um 10 nach 8 an und dauerte bis 5 vor 12.
Saat 9'**da** kalkıp 10'**a** kadar kahvaltı etti.	Er/sie stand um 9 Uhr auf und frühstückte bis 10.

Gülcan'ın treni saat 9'u 10 geçe kalkıyor.	Gülcans Zug fährt um 10 nach 9 ab.
Partisi saat 7'de başlayıp tam 10'u 5 geçe bitti.	Seine/Ihre Fete fing um 7 Uhr an und ging um punkt 5 nach 10 zu Ende.
Saat 5 buçukta bize gelecek.	Um halb 6 kommt er/sie zu uns.
Saat 5'i 6 geçeye kadar kaldı.	Er/Sie blieb bis 6 nach 5.
Otobüs saat 4'ü çeyrek geçe gelecek.	Der Bus wird um Viertel nach 4 kommen.
Misafirler akşam 7 buçukta gelip 10'da gittiler.	Die Gäste kamen um halb 8 und gingen um 10.
Fılm saat 6 buçukta değil, 7'ye çeyrek kala başlıyor.	Der Film fängt nicht um halb 7 an, sondern um Viertel vor 7.
Hasan dün saat 2'de gelip bugün saat 5'te gitti.	Hasan kam gestern um 2 Uhr und ging heute um 5 Uhr.
Saat 12'de lokantada buluştular.	Sie trafen sich um 12 Uhr im Restaurant.
Otobüs durağa 10'u 5 geçe gelecek.	Der Bus wird um 5 nach 10 an der Haltestelle ankommen.

Übung 44 - Alıştırma 44

Hasan /bisiklet/balkon	Hasan/das Fahrrad/der Balkon
Hasan'ın bisikleti balkonda.	Hasans Fahrrad ist auf dem Balkon.
Turhan/ çanta /dolap	Turhan/Tasche/Schrank
Turhan'ın çantası dolapta.	Turhans Tasche ist im Schrank.
müdür/oda/ ikinci kat	Direktor/Zimmer/zweite Etage

Müdürün odası ikinci katta.	Das Zimmer des Direktors ist in der zweiten Etage.
Nurhan/giysi/dolap	Nurhan/Kleid/Schrank
Nurhan'ın giysisi dolapta.	Nurhans Kleid ist im Schrank.
Ali/okul/tepe	Ali/Schule/Hügel
Ali'nin okulu tepede.	Alis Schule ist auf dem Hügel.
Rauf/araba/otopark	Rauf/Wagen/Parkplatz
Rauf'un arabası otoparkta.	Raufs Wagen ist auf dem Parkplatz.
Sema/anne/Türkiye	Sema/Mutter/Türkei
Sema'nın annesi Türkiye'de.	Semas Mutter ist in der Türkei.
avukat/büro/meydan	Anwalt/Anwältin/Kanzlei/Platz
Avukatın bürosu meydanda.	Die Kanzlei des Anwalts/der Anwältin ist auf dem Platz.
Remzi/sigara/araba	Remzi/Zigarette/Wagen
Remzi'nin sigarası arabada.	Remzis Zigaretten sind im Wagen.
Sema/okul/Köln	Sema/Schule/Köln
Sema'nın okulu Köln'de.	Semas Schule ist im Köln.
Enver/gözlük/çanta	Enver/Brille/Tasche
Enver'in gözlüğü çantada.	Envers Brille ist in der Tasche.
çocuk /oyuncak/kutu	Kind/Spielzeug/Schachtel
Çocuğun oyuncağı kutuda.	Das Spielzeug des Kindes ist in der Schachtel.
misafir/kahve/mutfak	Gast/Kaffee/Küche
Misafirin kahvesi mutfakta.	Der Kaffee des Gastes ist in der Küche.
Esma/adres/kartvizit	Esma/Adresse/Visitenkarte
Esma'nın adresi kartvizitte.	Esmas Adresse steht auf der Visitenkarte.
Ömer/banka/ şehir	Ömer/Bank/Stadt
Ömer'in bankası şehirde.	Ömers Bank ist in der Stadt.
müzisyen/gitar/otobüs	Musiker/Gitarre/Bus

Müzisyenin gitarı otobüste.	*Die Gitarre des Musikers ist im Bus.*
politikacı/ev/bulvar	*Politiker/Wohnung/Boulevard*
Politikacının evi bulvarda.	*Die Wohnung des Politikers ist auf dem Boulevard.*
Canan/para/banka	*Canan/Geld/Bank*
Canan'ın parası bankada.	*Canans Geld ist auf der Bank.*
Hatice/araba/garaj	*Hatice/Wagen/Garage*
Hatice'nin arabası garajda.	*Hatices Wagen steht in der Garage.*
ben/ders/okul	*ich/Unterricht/Schule*
Benim dersim okulda.	*Mein Unterricht ist in der Schule.*
şef/eş/kantin	*Chef/Ehefrau/Kantine*
Şefin eşi kantinde.	*Die Frau des Chefs ist in der Kantine.*
o/kız/doktor	*er/sie/Tochter/Arzt*
Onun kızı doktorda.	*Seine/Ihre Tochter ist beim Arzt.*
Hasan/çocuklar/tatil	*Hasan/Kinder/Ferien*
Hasan'ın çocukları tatilde.	*Hasans Kinder sind in den Ferien.*
Necla/abi/Almanya	*Necla/(älterer) Bruder/Deutschland*
Necla'nın abisi Almanya'da.	*Neclas (älterer) Bruder ist inDeutschland*

Übung 45 - Alıştırma 45

Hasan'ın nesi ağrıyor?	Was tut Hasan weh?
Boğazı ağrıyor.	Ihm tut der Hals weh.
Hasan sabahları ne içiyor?	Was trinkt Hasan morgens?
Hasan sabahları çay içiyor.	Hasan trinkt morgens Tee.
Hasan kimden randevu aldı?	Bei wem hat Hasan einen Termin bekommen?
Hasan doktordan bir randevu aldı.	Hasan hat beim Arzt einen Termin bekommen?
Hasan çalar saati kaça ayarladı?	Auf wieviel Uhr hat Hasan den Wecker eingestellt?
Hasan çalar saati altı buçuğa ayarladı.	Hasan hat den Wecker auf halb sieben eingestellt.
Hasan saat kaçta kalktı?	Um wieviel Uhr ist Hasan aufgestanden?
Hasan saat sekiz buçukta kalktı.	Hasan ist um halb neun aufgestanden.
Niçin Hasan geç kalktı?	Warum ist Hasan spät aufgestanden?
Hasan uyuyakaldı.	Hasan hat verschlafen.
Hasan duş aldı mı?	Hat Hasan geduscht?
Hayır, almadı.	Nein, hat er nicht.
Niçin duş almadı?	Warum hat er nicht geduscht?
Çünkü geç kalktı.	Weil er spät aufgestanden ist.
Traş oldu mu?	Hat er sich rasiert?
Hayır, olmadı.	Nein, hat er nicht.
Çay içti mi?	Hat er Tee getrunken?
Hayır, içmedi.	Nein, hat er nicht.
Hasan kaç dakikada doktora vardı?	In wieviel Minuten ist Hasan beim Arzt angekommen?

Hasan yirmi dakikada doktora vardı.	Hasan ist in zwanzig Minuten beim Arzt angekommen.
Hasan niçin ter kokuyordu?	Warum roch Hasan nach Schweiß?
Çünkü Hasan duş yapmadı ve çok koştu.	Weil Hasan nicht geduscht hat und viel gelaufen ist.
Hasan kaç dakika koştu?	Wieviel Minuten ist Hasan gelaufen?
Hasan yirmi dakika koştu.	Hasan ist zwanzig Minuten gelaufen.
Hasan nasıl iyileşti?	Wie ist Hasan genesen?
Hasan koştuğu için iyileşti.	Hasan ist genesen, weil er gelaufen ist.

Übung 46 - Alıştırma 46

Fatma/güzel	
Fatma güzel mi?	Ist Fatma schön?
Hayır, çirkin.	Nein, sie ist hässlich.
domatesler/pahalı	
Domatesler pahalı mı?	Sind die Tomaten teuer?
Hayır, ucuz.	Nein, sie sind bllig.
Özkan/aptal	
Özkan aptal mı?	Ist Özkan dumm?
Hayır, zeki.	Nein, er ist intelligent.
Türkiye/küçük	
Türkiye küçük mü?	Ist die Türkei klein?
Hayır, büyük.	Nein, sie ist groß.
kalem/uzun	
Kalem uzun mu?	Ist der Stift lang?
Hayır, kısa.	Nein, er ist kurz.
çay/sıcak	

Çay sıcak mı?	Ist der Tee heiß?
Hayır, soğuk.	Nein, er ist kalt.
ekmek/taze	
Ekmek taze mi?	Ist das Brot frisch?
Hayır, bayat.	Nein, es ist alt.
adam/yaşlı	
Adam yaşlı mı?	Ist der Mann alt?
Hayır, genç.	Nein, er ist jung.
Belçika/Asya	
Belçika Asya'da mı?	Ist Belgien in Asien?
Hayır, Avrupa'da.	Nein, es ist in Europa.
ceket/yeni	
Ceket yeni mi?	Ist die Jacke neu?
Hayır, eski.	Nein, sie ist alt.
Cevdet/akıllı	
Cevdet akıllı mı?	Ist Cevdet klug?
Hayır, aptal.	Nein, er ist dumm.
pencere/açık	
Pencere açık mı?	Ist das Fenster offen?
Hayır, kapalı.	Nein, es ist geschlossen.
Atilla/sempatik	
Atilla sempatik mi?	Ist Atilla sympathisch.
Hayır, antipatik.	Nein, er ist unsympathisch.
film/iyi	
Film iyi mi?	Ist der Film gut?
Hayır, kötü.	Nein, er ist schlecht.
salata/tuzlu	
Salata tuzlu mu?	Ist der Salat salzig?
Hayır, tuzsuz.	Nein, er ist ungesalzen.
problem/zor	
Problem zor mu?	Ist das Problem schwierig?
Hayır, kolay.	Nein, es ist leicht.
Musa/bekâr	

Musa bekâr mı?	*Ist Musa ledig?*
Hayır, evli.	*Nein, er ist verheiratet.*
adres/doğru	
Adres doğru mu?	*Ist die Adresse richtig?*
Hayır, yanlış.	*Nein, sie ist falsch.*
çorba/lezzetli	
Çorba lezzetli mi?	*Schmeckt die Suppe?*
Hayır, lezzetsiz.	*Nein, sie schmeckt nicht.*

Übung 47 - Alıştırma 47

Ülke	Ulus	Dil
Hollanda'da	Hollandalılar	Felemenkçe konuşur.
Honduras'ta	Honduraslılar	İspanyolca konuşur.
İngiltere'de	İngilizler	İngilizce konuşur.
Irak'ta	Iraklılar	Arapça konuşur.
İran'da	İranlılar	Farsça konuşur.
İrlanda'da	İrlandalılar	İngilizce konuşur.
İspanya'da	İspanyalılar	İspanyolca konuşur.
İsrail'de	İsrailliler	İbranice konuşur.
İsveç'te	İsveçliler	İsveççe konuşur.
İsviçre'de	İsviçreliler	Fransızca ve Almanca konuşur.
İtalya'da	İtalyanlar	İtalyanca konuşur.
İzlanda'da	İzlandalılar	İzlandaca konuşur.
Jamaika'da	Jamaikalılar	İngilizce konuşur.
Japonya'da	Japonlar	Japonca konuşur.
Kanada'da	Kanadalılar	İngilizce konuşur.
Katar'da	Katarlılar	Arapça konuşur.
Kıbrıs'ta	Kıbrıslılar	Türkçe ve Yunanca konuşur.
Kolombiya'da	Kolombiyalılar	İspanyolca konuşur.

Kuzey Kore'de	Kuzey Koreliler	Korece konuşur.
Küba'da	Kübalılar	İspanyolca konuşur.
Yemen'de	Yemenliler	Arapça konuşur.
Yeni Zelanda'da	Yeni Zelandalılar	İngilizce konuşur.
Yunanistan'da	Yunanlılar	Yunanca konuşur.

Übung 48 - Alıştırma 48

Ülke	Ulus	Dil
Küveyt'te	Küveytliler	Arapça konuşur.
Libya'da	Libyalılar	Arapça konuşur.
Lübnan'da	Lübnanlılar	Arapça konuşur.
Lüksemburg	Lüksemburglular	Fransızca ve Almanca konuşur.
Macaristan	Macarlar	Macarca konuşur.
Malta	Maltalılar	İngilizce konuşur.
Meksika	Meksikalılar	İspanyolca konuşur.
Mısır	Mısırlılar	Arapça konuşur.
Nikaragua	Nikaragualılar	İspanyolca konuşur.
Norveç	Norveçliler	Norveççe
Pakistan	Pakistanlılar	Urdu konuşur.
Panama	Panamalılar	İspanyolca konuşur.
Paraguay	Paraguaylılar	İspanyolca konuşur.
Peru	Perulular	İspanyolca konuşur.
Polonya	Polonyalılar	Lehçe konuşur.
Portekiz	Portekizler	Portekizce konuşur.
Romanya	Romanyalılar	Romence konuşur.
Rusya	Ruslar	Rusça konuşur.
Suriye	Suriyeliler	Arapça konuşur.
Sırbistan	Sırplar	Sırpça konuşur.
Suudi Arabistan	Suudi	Arapça konuşur.

	Arabistanlılar	
Tunus	Tunuslular	Arapça konuşur.
Türkiye	Türkler	Türkçe konuşur.
Uruguay	Uruguaylılar	İspanyolca konuşur.
Ürdün	Ürdünlüler	Arapça konuşur.
Venezuella	Venezuellalılar	İspanyolca konuşur.

Übung 49 - Alıştırma 49

evolüsyon	die Evolution
Eyfel Kulesi	der Eiffelturm
fabrika	die Fabrik
faktör	der Faktor
fakülte	die Fakultät
fatura	die Rechnung/die Faktura
faz	die Phase
federalizm	der Föderalismus
federasyon	der Bund/der Verband/die Föderation
feribot	die Fähre
figür	die Figur
filarmoni	die Philharmonie
Filistin	Palästina
filtre	der Filter
final	das Finale
finansman	die Finanzierung
Finlandiya	Finnland
fizibilite	die Machbarkeit
fizik	die Physik
flört	der Flirt
flüt	die Flöte
formalite	die Formalität

Übung 50 - Alıştırma 50

1.	Berlin	Almanya'dadır.
2.	Ankara	Türkiye'dedir.
3.	Atina	Yunanistan'dadır.
4.	Bükreş	Romanya'dadır.
5.	Sofya	Bulgaristan'dadır.
6.	Viyana	Avusturya'dadır.
7.	Londra	İngiltere'dedir.
8.	Paris	Fransa'dadır.
9.	Madrid	İspanya'dadır.
10.	Varşova	Polonya'dadır.
11.	Moskova	Rusya'dadır.
12.	Roma	İtalya'dadır.
13.	Lizbon	Portekiz'dedir.
14.	Lahey	Hollanda'dadır.
15.	Brüksel	Belçika'dadır.
16.	Kopenhag	Danimarka'dadır.
17.	Bern	İsviçre'dedir.
18.	Oslo	Norveç'tedir.
19.	Zagreb	Hırvatistan'dadır.
20.	Budapeşte	Macaristan'dadır.
21.	Vilnius	Litvanya'dadır.
22.	Riga	Letonya'dadır.
23.	Tiran	Arnavutluk'tadır.
24.	Talinn	Estonya'dadır.
25.	Lübliyana	Slovenya'dadır.
26.	Tebriz	İran'dadır.
27.	Bratislava	Slovakya'dadır.
28.	Bağdat	Irak'tadır.
29.	Şam	Suriye'dedir.
30.	Lefkoşe	Kıbrıs'tadır.

31.	Kahire	Mısır'dadır.
32.	Beyrut	Lübnan'dadır.
33.	Yeni Delhi	Hindistan'dadır.
34.	Tokyo	Japonya'dadır.
35.	Münih	Almanya'dadır.
36.	Napoli	İtalya'dadır.
37.	Venedik	İtalya'dadır.
38.	Milano	İtalya'dadır.
39.	Cenevre	İsviçre'dedir.
40.	Marsilya	Fransa'dadır.
41.	Selanik	Yunanistan'dadır.
42.	Pekin	Çin'dedir.
43.	Bavyera	Almanya'dadır.
44.	Kuzey Ren Vestfalya	Almanya'dadır.
45.	Kudüs	İsrail'dedir.
46.	İzmir	Türkiye'dedir.
47.	Rabat	Fas'tadır.
48.	Trablus	Libya'dadır.
49.	Meksiko	Meksika'dadır.
50.	Üsküp	Kuzey Makedonya'dadır.

Übung 51 - Alıştırma 51

Auch ich lerne Türkisch.	Ben de Türkçe öğreniyorum.
Faruk trinkt Tee.	Faruk çay içiyor.
Er möchte nach Hause gehen.	Eve gitmek istiyor.
Mir geht es sehr gut.	Ben çok iyiyim.
Güldane sitzt am Tisch und liest Zeitung.	Güldane masada oturuyor ve gazete okuyor.
Celal möchte Deutsch lernen.	Celal Almanca öğrenmek istiyor.
Er liest ein Buch.	O (bir) kitap okuyor.
Ist Merve zu Hause?	Merve evde mi?
Wo steht das Telefon?	Telefon nerede?
Sind die Schüler in der Klasse?	Öğrenciler sınıfta mı?
Wohin gehen sie?	Nereye gidiyorlar?
Ahmet und Veli spielen Fußball.	Ahmet'le Veli futbol oynuyor.
Das ist sehr gut.	Bu çok iyi.
Ist das Essen gut?	Yemek iyi mi?
Ich möchte in die Türkei fahren.	Ben Türkiye'ye gitmek istiyorum.
Lernst du Türkisch?	Türkçe öğreniyor musun?
Er möchte rauchen.	O sigara içmek istiyor.
Möchtest du auch rauchen?	Sen de sigara içmek istiyor musun?
Ich gehe nach Hause.	Ben eve gidiyorum.
Der Arzt geht ins Krankenhaus.	Doktor hastaneye gidiyor.

Übung 52 - Alıştırma 52

tren/istasyon	
Tren istasyonda mı?	Ist der Zug am Bahnhof?
Evet, istasyonda.	Ja, er ist am Bahnhof.
para/banka	
Para bankada mı?	Ist das Geld auf der Bank?
Evet, bankada.	Ja, es ist auf der Bank.
çay/fincan	
Çay fincanda mı?	Ist der Tee in der Tasse?
Evet, fincanda.	Ja, er ist in der Tasse.
gazete/masa	
Gazete masada mı?	Ist die Zeitung auf dem Tisch?
Evet, masada.	Ja, sie ist auf dem Tisch.
öğrenciler/sınıf	
Öğrenciler sınıfta mı?	Sind die Schüler in der Klasse.
Evet, sınıfta(lar).	Ja, sie sind in der Klasse.
turistler/müze	
Turistler müzede mi?	Sind die Touristen im Museum?
Evet, müzede(ler).	Ja, sie sind im Museum.
Almanlar/otel	
Almanlar otelde mi?	Sind die Deutschen im Hotel?
Evet, otelde(ler).	Ja, sie sind im Hotel.
işçiler/fabrika	
İşçiler fabrikada mı?	Sind die Arbeiter in der Fabrik?
Evet, fabrikada(lar).	Ja, sie sind in der Fabrik.
Antalya/Türkiye	
Antalya Türkiye'de mi?	Ist Antalya in der Türkei?
Evet, Türkiye'de.	Ja, sie ist in der Türkei.
film/sinema	
Film sinemada mı?	Läuft der Film im Kino?

Evet, sinemada.	Ja, er läuft im Kino.
otobüs/durak	
Otobüs durakta mı?	Ist der Bus an der Haltestelle?
Evet, durakta.	Ja, er ist an der Haltestelle.
kitap/sandalye	
Kitap sandalyede mi?	Ist das Buch auf dem Stuhl?
Evet, sandalyede.	Ja, es ist auf dem Stuhl.
adam/hastane	
Adam hastanede mi?	Ist der Mann im Krankenhaus?
Evet, hastanede.	Ja, er ist im Krankenhaus.
mektup/posta	
Mektup postada mı?	Ist der Brief auf der Post?
Evet, postada.	Ja, er ist auf der Post.
fotoğraf/albüm	
Fotoğraf albümde mi?	Ist das Foto im Album?
Evet, albümde.	Ja, es ist im Album.
manto/dolap	
Manto dolapta mı?	Ist der Mantel im Schrank?
Evet, dolapta.	Ja, er ist im Schrank.
lamba/masa	
Lamba masada mı?	Ist die Lampe auf dem Tisch?
Evet, masada.	Ja, sie ist auf dem Tisch.
kurs/okul	
Kurs okulda mı?	Ist der Kurs in der Schule?
Evet, okulda.	Ja, er ist in der Schule.
çocuklar/park	
Çocuklar parkta mı?	Sind die Kinder im Park?
Evet, parkta(lar).	Ja, sie sind im Park.

Übung 53 - Alıştırma 53

antre	der Eingang
antrenör	der Trainer
antrenman	das Training
apostrof	der Apostroph
aroma	das Aroma
asistan	der Asistent
astronot	der Astronaut
atmosfer	die Atmosphäre
atölye	das Atelier/die Werkstatt
avans	der Vorschuss
avantaj	der Vorteil
averaj	der Durchschnitt/das Mittelwert
balo	der Ball
balon	der Ballon
banka	die Bank
bankamatik	der Bankautomat
banker	der Bankier
banknot	die Banknote
baraj	der Staudamm
barikat	die Barrikade

Übung 54 - Alıştırma 54

Erdoğan'a gitmek	sen	Erdoğan'a gidiyorsun.
		Erdoğan'a gittin.
yemek yemek	onlar	Yemek yiyorlar.
		Yemek yediler.
eve gitmek	biz	Eve gidiyoruz.
		Eve gittik.

gazete okumak	sen	Gazete okuyorsun.	
		Gazete okudun.	
Türkçe öğrenmek	biz	Türkçe öğreniyoruz.	
		Türkçe öğrendik.	
bira içmek	sen	Bira içiyorsun.	
		Bira içtin.	
oturmak	ben	Oturuyorum.	
		Oturdum.	
kitap okumak	sen	Kitap okuyorsun.	
		Kitap okudun.	
balkonda uyumak	o	Balkonda uyuyor.	
		Balkonda uyudu.	
ders vermek	öğretmen	Öğretmen ders veriyor.	
		Öğretmen ders vedi.	
Türkiye'ye gitmek	siz	Türkiye'ye gidiyorsunuz.	
		Türkiye'ye gittiniz.	
tivi izlemek	biz	Tivi izliyoruz.	
		Tivi izledik.	
çay içmek	onlar	Çay içiyorlar.	
		Çay içtiler.	
futbol oynamak	biz	Futbol oynuyoruz.	
		Futbol oynadık.	
derse gitmek	sen	Derse gidiyorsun.	
		Derse gittin.	
uyumak	çocuk	Çocuk uyuyor.	
		Çocuk uyudu.	
çalışmak	sekreter	Sekreter çalışıyor.	
		Sekreter çalıştı.	
balık yemek	kedi	Kedi balık yiyor.	
		Kedi balık yedi.	

bahçede oturmak	misafirler	Misafirler bahçede oturuyor.
		Misafirler bahçede oturdu.
alışveriş yapmak	annesi	Annesi alışveriş yapıyor.
		Annesi alışveriş yaptı.
çocuklara bakmak	Hatice	Hatice çocuklara bakıyor.
		Hatice çocuklara baktı.
sinemaya gitmek	biz	Sinemaya gidiyoruz.
		Sinemaya gittik.
durakta beklemek	onlar	Durakta bekliyorlar.
		Durakta beklediler.

Übung 55 - Alıştırma 55

Araba ile geliyorum.	Arabayla geliyorum.
Kedi ile köpek gibiler.	Kediyle köpek gibiler.
Otobüs ile geliyorum.	Otobüsle geliyorum.
Öğretmen ile geldi.	Öğretmenle geldi.
Annem ile geliyorum.	Annemle geliyorum.
Tren ile geliyor.	Trenle geliyor.
Bunlar, Hasan ile Sevgi.	Bunlar, Hasan'la Sevgi.
Futbol ile basketbol top sporudur.	Futbol la basketbol top sporudur.
Defter ile kitap masada.	Defterle kitap masada.
Köpek ile çocuklar bahçede.	Köpekle çocuklar bahçede.
Çantası ile bisiklete bindi.	Çantasıyla bisiklete bindi.
Teyzesi ile doktora gitti.	Teyzesiyle doktora gitti.

Bisiklet ile okula gidiyor.	Bisikletle okula gidiyor.
Almanlar ile konuşuyor.	Almanlarla konuşuyor.
Hasan ile Ali top oynuyor.	Hasan'la Ali top oynuyor.

Übung 56 - Alıştırma 56

aktivite	die Aktivität
aksiyon	die Aktion
aktif	aktiv
aktör	der Akteur/der Schauspieler
aktris	die Schauspielerin
aktüel	aktuell
akustik	die Akustik
akut	akut
akü	der Akku/die Batterie
aküpunktür	die Akupunktur
akvarel	das Aquarell
akvaryum	das Aquarium
alarm	der Alarm
albüm	das Album
alerji	die Allergie
alfabe	das Alphabet
alkol	der Alkohol
alternatif	die Alternative
alüminyum	das Aluminium
amatör	der Amateur/die Amateurin

Alıştırma 57

Ahmet Türkiye'**den** geliyor. Almanya'**da** çalışıyor. Duisburg'**da** oturuyor. Türkiye'**ye** dönmek istiyor. Hergün iş**e** gidiyor. Saat altı**da** ev**den** çıkıyor. Ev**den**

Dura**ğa** yürüyerek gidiyor. Durak**ta** on dakika bekliyor. Otobüs dura**ğa** geliyor. Ahmet otobüs**e** biniyor. Otuz beş dakika sonra otobüs**ten** iniyor. Saat yedi**de** iş**e** varıyor. Sabah saat yedi**den** akşam saat yedi**ye** kadar çalışıyor. Akşam saat yedi**de** iş**ten** çıkıyor. Durak**ta** beş dakika bekliyor. Otobüs dura**ğa** geliyor. Ahmet otobüs**e** biniyor. Otuz beş dakika sonra otobüs**ten** iniyor. Durak**tan** ev**e** yürüyerek gidiyor.

Ev**de** Ahmet çay yapıyor. Sonra Ali'**ye** telefon ediyor. Ali'**ye** gel diyor. Ali ev**den** çıkıyor ve Ahmet'**e** çay**a** geliyor. Çay**da** Ahmet ile Ali sohbet ediyorlar. Çay**dan** sonra Ali gidiyor. Ahmet de ev**den** çıkıyor. Bir saat yürüdükten sonra ev**e** dönüyor. Ev**de** televizyon izliyor. Televizyon**da** haberler**i** izliyor. Haberler**de** spiker Almanca konuşuyor. Haberler**den** sonra bir film geliyor. Film**de** de aktörler Almanca konuşuyorlar. Film**den** sonra eğlence programı var. Programda herkes Almanca konuşuyor. Program**dan** sonra son haberler geliyor. Haberler**den** sonra Ahmet uyuma**ya** gidiyor.

Übung 58 - Alıştırma 58

ambalaj	die Verpackung
ambargo	das Embargo
ambulans	der Rettungswagen
amortisör	der Stoßdämpfer
amper	das Ampere
amplifikatör	der Verstärker
analiz	die Analyse
anarşi	die Anarchie

anatomi	die Anatomie
anekdot	die Anekdote
anestezi	die Anästhesie
angajman	das Engagement
animasyon	die Animation
anjin	die Angina
anket	die Umfrage
anomali	die Anomalie
anonim	anonym
anons	die Ansage
anorak	der Anorak
anot	die Anode
ansiklopedi	die Enzyklopädie/das Lexikon
Antarktika	die Antarktis

Übung 59 – Alıştırma 59

Üç artı üç	altı	eder.
		Drei plus drei macht sechs.
İki eksi bir	sıfır	eder.
		Zwei minus eins macht eins.
Dört artı dört	sekiz	eder.
		Vier plus vier macht acht.
On artı sekiz	on sekiz	eder.
		Zehn plus acht macht achtzehn.
Beş artı yedi	on iki	eder.
		Fünf plus sieben macht zwölf.
Sekiz eksi yedi	bir	eder.
		Acht minus sieben macht eins.
On dokuz eksi on	dokuz	eder.

		Neunzehn minus zehn macht neun.
Doksan artı doksan	**yüz seksen**	eder.
		Neunzig plus neunzig macht hundertachtzig.
Yetmiş eksi iki	**altmış sekiz**	eder.
		Siebzig minus zwei macht achtundsechszig.
Altmış altı artı dört	**yetmiş**	eder.
		Sechsundsechzig plus vier macht siebzig.
On bir artı on bir	**yirmi iki**	eder.
		Elf plus elf macht zweiundzwanzig.
Doksan dokuz artı bir	**yüz**	eder.
		Neunundneunzig plus eins macht hundert.
Yirmi sekiz eksi sekiz	**yirmi**	eder.
		Achtundzwanzig minus acht macht zwanzig.

Übung 60 - Alıştırma 60

Bir kiloda	**bin**	gram var.
Bir santimetrede	**on**	milimetre var.
Bir dakikada	**altmış**	saniye var.
Bir tonda	**bin**	kilo var.
Yarım kiloda	**beş yüz**	gram var.

Bir saatte	altmış	dakika var.
İki saatte	yüz yirmi	dakika var.
Yarım kilometrede	beş yüz	metre var.
Beş metrede	beş yüz	santimetre var.
On dakikada	altı yüz	saniye var.
Üç saatte	yüz seksen	dakika var.
İki metrede	iki bin	milimetre var.
Yedi kiloda	yedi yüz	gram var.
Yarım santimetrede	beş	milimetre var.
Bir buçuk saatte	doksan	dakika var.
Dört kiloda	dört bin	gram var.
On santimetrede	yüz	milimetre var.
İki dakikada	yüz yirmi	saniye var.
Üç tonda	üç bin	kilo var.
On kiloda	on bin	gram var.

Übung 61 - Alıştırma 61

Bir günde	yirmi dört	saat var.
Beş kilometrede	beş bin	metre var.
Beş kiloda	beş bin	gram var.
Yirmi saatte	bin iki yüz	dakika var.
On bir dakikada	altı yüz altmış	saniye var.
Üç günde	yetmiş iki	saat var.
Dört kilometrede	dört bin	metre var.
Yarım günde	on iki	saat var.
On metrede	on bin	milimetre var.
Üç buçuk saatte	iki yüz on	dakika var.
Yüz kilometrede	yüz bin	metre var.
Yarım kilometrede	beş yüz	metre var.
Bir yılda	üç yüz altmış beş	gün var.
Bir yılda	on iki	ay var.

Bir yılda	elli iki	hafta var.
Bir haftada	yedi	gün var.
Üç haftada	yirmi bir	gün var.
Bir yılda	dört	mevsim var.
Üç yılda	otuz altı	ay var.
İki yılda	yüz dört	hafta var.
On haftada	yetmiş	gün var.

Übung 62 - Alıştırma 62

coğrafya	die Erdkunde
matematik	die Mathematik
fizik	die Physik
sosyoloji	die Soziologie
edebiyat	die Literatur
felsefe	die Philosophie
din dersi	die Religionslehre
spor	der Sport
kimya	die Chemie
yabancı dil	die Fremdsprache
resim	das Malen
sanat dersi	der Kunstunterricht
müzik dersi	der Musikunterricht
psikoloji	die Psychologie
tarih	die Geschichte
beden eğitimi	die Leibesübungen

Übung 63 - Alıştırma 63

1. Hasan bu akşam sinemaya gidecek.
2. İyi akşamlar!
3. Altı kilo domates istiyorum.

4. Onu elli beş dakika bekledim.
5. Doğum günüm çarşamba günü.
6. Almanca'yı çok iyi biliyor.
7. Çok iyi Almanca konuşuyor.
8. Beş bardak çay içti.
9. Akşam yemeği saat altıda.
10. Ekrem oturma odasında uyuyor.
11. Herman Türkçe öğreniyor.
12. Necat İngiltere'de Ingilizce ögrendi.
13. Ali yirmi üc yaşında.
14. Nermin ağustosta evlendi.
15. Otelde üç gün kaldilar.
16. Kahvaltıda tost ekmeği var.
17. Balık lokantasına gittiler.
18. Gözlüğünü kaybetti.
19. Seni otobüs durağında bekliyorum.
20. Çarşambadan sonra perşembe gelir.

Übung 64 - Alıştırma 64

Üç kere üç	dokuz	eder.
		Drei mal drei macht neun.
İki kere bir	iki	eder.
		Zwei mal eins macht zwei.
Dört bölü dört	bir	eder.
		Vier durch vier macht eins.
On kere sekiz	on sekiz	eder.
		Zehn mal acht macht achtzehn.
Beş kere yedi	otuz beş	eder.
		Fünf mal sieben macht fünfunddreißig.
Altı kere altı	otuz altı	eder.

			Sechs mal sechs macht sechsunddreißig
On kere on	yüz		eder.
			Zehn mal zehn macht hundert.
Bin bölü yüz	on		eder.
			Tausend durch hundert macht zehn.
Altmış bölü altı	on		eder.
			Sechzig durch sechs macht zehn.
Yedi kere yedi	kırk dokuz		eder.
			Sieben mal sieben macht neunundvierzig.
Sekiz kere sekiz	altmış dört		eder.
Yirmi bölü yirmi	bir		eder.
			Acht mal acht macht vierundsechzig.

Übung 65 - Alıştırma 65

formül	die Formel
fotoğraf	das Foto
fotomontaj	die Fotomontage
frekans	die Frequenz
futbol	der Fußball
futbol federasyonu	der Fußballverband
futbol maçı	das Fußballspiel/das Fußballmatch
futbol stadı	das Fußballstadium
füzyon	die Fusion
galeri	die Galerie

garaj	die Garage
garanti	die Garantie
gardiyan	der Wächter/der Aufseher
gastronomi	die Gastronomie
gazete	die Zeitung
gaz lambası	die Gaslampe
gaz pedalı	das Gaspedal
grafik	die Grafik
gramer	die Grammatik
grup terapisi	die Gruppentherapie
hentbol	der Handball
Hindistan	Indien

Übung 66 - Alıştırma 66

avukat	Avukatım.	Ich bin Anwalt/Anwältin.
şoför	Şöforum.	Ich bin Fahrer/Fahrerin.
öğretmen	Öğretmenim.	Ich bin Lehrer/Lehrerin.
kuaför	Kuaförüm.	Ich bin Frisör/Frisörin.
sekreter	Sekreterim.	Ich bin Sekretär/Sekretärin.
memur	Memurum.	Ich bin Angestellte/r.
doçent	Doçentim.	Ich bin Dozent/Dozentin.
hastabakıcı	Hastabakıcıyım.	Ich bin Krankenpfleger/in.
hemşire	Hemşireyim.	Ich bin Krankenschwester.
dönerci	Dönerciyim.	Ich bin Dönerverkäufer.
fotoğrafçı	Fotoğrafçıyım.	Ich bin Fotograf/in.
komisyoncu	Komisyoncuyum	Ich bin Kommissionär/in.
berber	Berberim.	Ich bin Frisör.
otelci	Otelciyim.	Ich bin Hotelier.
bankacı	Bankacıyım.	Ich bin Banker.
ayakkabıcı	Ayakkabıcıyım.	Ich bin Schuhverkäufer/in.
saatçi	Saatçiyim.	Ich bin Uhrmacher/in.

satıcı	Satıcıyım.	Ich bin Verkäufer/in.
pansiyoncu	Pansiyoncuyum.	Ich bin Pensionbetreiber/in.
lokantacı	Lokantacıyım.	Ich bin Gastwirt/in.
balıkçı	Balıkçıyım.	Ich bin Fischer.
eskici	Eskiciyim.	Ich bin Trödler.
sucu	Sucuyum.	Ich bin Wasserverkäufer.

Übung 67 - Alıştırma 67

1. konuşuyor	konuşur
2. gidiyor	gider
3. biliyor	bilir
4. geliyor	gelir
5. yiyor	yer
6. okuyor	okur
7. öğreniyor	öğrenir
8. çalışıyor	çalışır
9. içiyor	içer
10. oynuyor	oynar
11. oturuyor	oturur
12. yapıyor	yapar
13. istiyor	ister
14. biliyor	bilir
15. seviyor	sever
16. yaşıyor	yapar
17. görüyor	görür
18. yazıyor	yazar
19. koşuyor	koşar
20. dinliyor	dinler

Übung 68 - Alıştırma 68

ben - tiyatro	Tiyatroya gideceğim.
sen - okul	Okula gideceksin.
o - öğretmen	Öğretmene gidecek.
ben - kuaför	Kuaföre gideceğim.
biz - ev	Eve gideceğiz.
Hasan - tünel	Hasan tünele gidecek.
Lale - hastane	Lale hastaneye gidecek.
onlar - doktor	Doktora gidecekler.
ablam - dişçi	Ablam dişçiye gidecek.
siz - dönerci	Dönerciye gideceksiniz.
o - fotoğrafçı	Fotoğrafçıya gidecek.
biz - otobüs	Otobüse gideceğiz.
ben - berber	Berbere gideceğim.
turistler - otel	Turistler otele gidecek.
banker - banka	Banker bankaya gidecek.
sen - ayakkabıcı	Ayakkabıcıya gideceksin.
biz - sinema	Sinemaya gideceğiz.
satıcı - dükkan	Satıcı dükkana gidecek.
turist - pansiyon	Turist pansiyona gidecek.
biz - lokanta	Lokantaya gideceğiz.
teyzem - balıkçı	Teyzem balıkçıya gidecek.
onlar - müze	Müzeye gidecekler.
biz - deniz	Denize gideceğiz.

Übung 69 - Alıştırma 69

1.	Fransızca konuşurum.	Fransızca konuşmam.
2.	Okula gideriz.	Okula gitmem.
3.	Yunanca bilirim.	Yunanca bilmem.
4.	Futbol oynarlar.	Futbol oynamazlar.
5.	Bira içerim.	Bira içmem.

6.	Münih'te oturur.	Münih'te oturmaz.
7.	Otelde uyurum.	Otelde uyumam.
8.	Müzede çalışır.	Müzede çalışmaz.
9.	Kahvaltı eder.	Kahvaltı etmez.
10.	Yemek yeriz.	Yemek yemeyiz.
11.	Spor yaparız.	Spor yapmayız.
12.	Trenle gelir.	Trenle gelmez.
13.	Gazete okur.	Gazete okumaz.
14.	İtalyanca öğrenir.	İtalyanca öğrenmez.
15.	Bugün çalışırım.	Bugün çalışmam.
16.	Bankaya gideriz.	Bankaya gitmeyiz.
17.	Denize giderler.	Denize gitmezler.
18.	Sigara içer.	Sigara içmez.
19.	Gazete okur.	Gazete okumaz.
20.	Eve gitmek ister.	Eve gitmek istemez.

Übung 70 - Alıştırma 70

Deniz	das Meer
Işık	das Licht
Derya	das Meer
Ümit	die Hoffnung
Melek	der Engel
Yeter	genug
Fatih	der Eroberer
Can	die Seele
Aysu	das Mondwasser
Umut	die Hoffnung
Arzu	der Wunsch
Sevgi	die Liebe
Lale	die Tulpe
Dünya	die Welt
Gül	die Rose

Alev	die Flamme
Armağan	das Geschenk
Ateş	das Feuer
Çiçek	die Blume
Dilek	der Wunsch
Ayfer	das Mondlicht
Yıldız	der Stern
Bahar	der Frühling
Barış	der Frieden

Übung 71 - Alıştırma 71

hayat	yaşam	das Leben
sene	yıl	das Jahr
şehir	kent	die Stadt
lokanta	restoran	das Restaurant
misafir	konuk	der Gast
ana	anne	die Mutter
siyah	kara	schwarz
hakikat	gerçek	die Wahrheit
ad	isim	der Name
aşk	sevgi	die Liebe
baş	kafa	der Kopf
defa	kere	mal
evvel	önce	vor
gene	yine	wieder
hediye	armağan	das Geschenk
ihtiyar	yaşlı	alt
iktisat	ekonomi	die Wirtschaft
arzu	istek	der Wunsch
lâzım	gerek	nötig
meselâ	örneğin	zum Beispiel

neden	niçin	warum
pis	kirli	schmutzig
seyahat	yolculuk	die Reise

Übung 72 - Alıştırma 72

Hasanlar tatilde nereye gittiler?	İtalya'ya gittiler
Napoli'de nerede kaldılar?	Pansiyonda kaldılar.
Napoli'de kaç gün kaldılar?	Yedi gün kaldılar.
Napoli'de ne yaptılar?	Müzeleri ve kiliseleri gezdiler.
Napoli'de nereye gittiler?	Pompeyi ve Capri'ye gittiler.
Napoli'den sonra nereye gittiler?	Bari'ye gittiler.
Bari'de kaç hafta kaldılar?	İki hafta kaldılar.
Bari'ye nasıl gittiler?	Otomobille gittiler.
Bari'de nerede kaldılar?	Pansiyonda kaldılar.
Bari'de hergün ne yaptılar?	Denize gidip uzun uzun yüzdüler.
Hasan iyi yüzüyor mu?	Hasan çok iyi yüzüyor.
Leyla iyi yüzüyor mu?	Leyla çok iyi yüzüyor.
Kim daha iyi yüzüyor?	Leyla daha iyi yüzüyor.
Leyla etli yemekler yiyor mu?	Leyla etli yemekler yemiyor.
Leyla niçin etli yemekler yemiyor?	Leyla vejetaryen.

Übung 73 - Alıştırma 73

yazı masası	der Schreibtisch
masa lambası	die Tischlampe
yemek masası	der Esstisch

ayaklı lamba	die Stehlampe
yatak odası	das Schlafzimmer
oturma odası	das Wohnzimmer
misafir odası	das Gästezimmer
çorba kaşığı	der Suppenlöffel
çay kaşığı	der Teelöffel
ekmek bıçağı	das Brotmesser
çorba tabağı	der Suppenteller
mutfak dolabı	der Küchenschrank
tabure	der Hocker
masa ayağı	das Tischbein
peçete	die Serviette
tuvalet	die Toilette
vazo	die Vase
sandalye	der Stuhl
sigara tablası	der Aschenbecher
halı	der Teppich
çalışma masası	der Arbeitstisch
duvar lambası	die Wandlampe

Übung 74 - Alıştırma 74

kedi	die Katze
köpek	der Hund
fare	die Maus
inek	die Kuh
kuş	der Vogel
at	das Pferd
eşek	der Esel
keçi	die Ziege
kuzu	das Lamm
tavuk	das Huhn

horoz	der Hahn
ördek	die Ente
hindi	die Pute
dana	das Kalb
domuz	das Schwein
güvercin	die Taube
balık	der Fisch
kaz	die Gans
kurt	der Wolf
tilki	der Fuchs
koyun	das Schaf

Übung 75 - Alıştırma 75

süt	die Milch
ekmek	das Brot
tereyağı	die Butter
zeytinyağı	das Olivenöl
su	das Wasser
peynir	der Käse
reçel	die Marmelade
pirinç	der Reis
patates	die Kartoffel
mercimek	die Linse
buğday	der Weisen
makarna	die Nudeln
fasulye	die Bohnen
üzüm	die Weintraube
balık	der Fisch
et	das Fleisch
yoğurt	der Jogurt
bezelye	die Erbse
domates	die Tomate

Übung 76 - Alıştırma 76

altın	Gold
gümüş	Silber
kömür	Kohle
çelik	Stahl
çimento	Zement
pirinç	Messing
plastik	Kunststoff
tahta	Holz
alüminyum	Aluminium
kâğıt	Papier
teneke	Blech
bakır	Kupfer
cam	Glas
demir	Eisen
porselen	Porzellan
saman	Heu
mermer	Marmor
taş	Stein

Übung 77 - Alıştırma 77

aşk	die Liebe
antipati	die Abneigung
kuşku	die Skepsis
şüphe	der Verdacht/der Zweifel
huzursuzluk	die Unruhe
nefret	der Hass
sevgi	die Liebe
iştah	der Appetit
sempati	die Sympathie/die Zuneigung

arzu	der Wunsch/das Verlangen
istek	der Wunsch/das Verlangen
isteksizlik	die Unlust/die Lustlosigkeit
heves	die Lust
açlık	der Hunger
korku	die Angst
panik	die Panik
heyecan	die Aufregung
üzüntü	die Trauer/die Kummer
sevinç	die Freude
hasret	die Sehnsucht
iştahsızlık	die Appetitlosigkeit
tutku	die Leidenschaft/die Passion

Übung 78 - Alıştırma 78

	Deutsch		Deutsch
açık	offen/auf	kapalı	geschlossen/zu
ağır	schwer	hafif	leicht
alt	unter	üst	ober
aptal	dumm	zeki	intelligent
arka	hinten	ön	vorn
almak	nehmen	vermek	geben
az	wenig	çok	viel
boş	leer	dolu	voll
büyük	groß	küçük	klein
doğru	richtig	yanlış	falsch
kapalı	geschlossen/zu	açık	offen/auf
beyaz	weiß	siyah	schwarz
büyük	groß	küçük	klein
çalışkan	fleißig	tembel	faul
çirkin	hässlich	güzel	schön

dar	eng	geniş	breit
dışarı	außen	içeri	innen
eksi	minus	artı	plus
erken	früh	geç	spät
fakir	arm	zengin	reich
gece	die Nacht	gündüz	der Tag
geri	zurück	ileri	vor
iyi	gut	kötü	schlecht
pahalı	teuer	ucuz	billig
temiz	sauber	kirli/pis	schmutzig

Übung 79 - Alıştırma 79

Aşk hayatına son verdi.	Er/Sie/Es beendete sein/ihr/sein Liebesleben.
Çok antipatik bir insan.	Er/Sie/Es ist ein sehr unsympatischer Mensch.
Bugün çok huzursuzum.	Heute bin ich sehr unruhig.
İştahım açıldı.	Ich habe Appetit bekommen.
Açlıktan ölüyorum.	Ich sterbe vor Hunger.
Bomba yüzünden panik oldu.	Wegen einer Bombe entstand Panik.
Futbol benim tek tutkum.	Fußball ist meine einzige Leidenschaft.
Bugün iştahım yok.	Heute habe ich keinen Appetit.
Ali okulda çalışkan bir öğrenciydi.	Ali war ein fleißiger Schüler in der Schule.
Otelde az turist var.	Im Hotel sind wenige Touristen.
Bugün erken kalktım.	Heute bin ich früh aufgestanden.
Bugün hiç hevesim yok.	Heute habe ich gar keine Lust.
Örümcekten çok korkarım.	Ich habe sehr viel Angst vor Spinnen.

Bugün dışarı çıkmadım.	Heute bin ich nicht hinausgegangen.
Bugün işe gitmedim.	Heute bin ich nicht zur Arbeit gegangen.
Bugün okul yok.	Heute gib es keine Schule.
Bu ne büyük sürpriz.	Was für eine große Überraschung.
Bu kapı kapalı, o açık.	Diese Tür ist geschlossen, die da ist offen.
Hasan otobüse binmedi.	Hasan ist nicht in den Bus gestiegen.
Ali her hafta tenis oynar.	Ali spielt jede Woche Tennis.
Hastayım.	Ich bin krank.
Geçmiş olsun!	Gute Besserung!

Übung 80 - Alıştırma 80

1.	Almanya'**nın** başkent**i** Berlin.
2.	Benim Karn**ım** aç.
3.	Hasan'**nın** anne**si** bugün biz**e** gelecek.
4.	Tatil**de** Türkiye'**ye** gideceğiz.
5.	Dün Türkiye'**den** döndük.
6.	Park**ta** çocuklar top oynuyor.
7.	Öğrenciler okul**a** gidiyor.
8.	Ayşe'**nin** heves**i** yok.
9.	Yarın siz**i** çay**a** bekleriz.
10.	Saat 8'**e** kadar bekledi.
11.	Masa**nın** üst**ünde** bir vazo var.
12.	Nere**ye** gitti?
13.	Nere**den** geldi?
14.	Nere**de** kaldı?
15.	Kirli tabaklar bulaşık makines**inde**.

16.	İki**den** sonra üç gelir.
17.	Hasan ben**im** kardeş**im**.
18.	Bu pasaport kim**in**?
19.	Lütfen, ben**i** dinleyin.
20.	Lütfen, bura**ya** gelin.
21.	Uçak Frankfurt'**a** indi.
22.	Dönerci**den** döner aldım.
23.	Otomat**tan** para çektim.
24.	Benzinci**den** benzin aldım.
25.	O otobüs bu durak**ta** durmuyor.